河北大学燕赵文化高等研究院

社会资本对团队绩效的影响机制——基于高校科研团队的实证研究

数字经济与管理研究
系列丛书

刘艳巧 著

科学出版社
北 京

内 容 简 介

高校科研团队在提升高校创新能力方面发挥着重要作用，实践中各高校纷纷出台一系列措施推进科研团队的建设，但效果有待提升。本书以社会资本理论和知识吸收能力理论为指导，以团队社会情境—过程视角的知识吸收能力—团队绩效为研究主线，建立了社会资本和知识吸收能力对团队绩效影响的概念模型，社会资本表现为团队学术环境，知识吸收能力表现为团队学术能力，研究表明：科研团队的学术环境对团队绩效的影响是通过团队学术能力发生的。

本书为科研团队营造积极的学术环境和提升知识吸收能力提供了有针对性的建议。本书以理论性和实践性的有效统一为特点，研究结论可用于指导高校科研团队的管理实践。本书适合高校管理者、科研团队成员及团队管理者阅读。

图书在版编目（CIP）数据

社会资本对团队绩效的影响机制：基于高校科研团队的实证研究 / 刘艳巧著. —北京：科学出版社，2021.7

（数字经济与管理研究系列丛书）

ISBN 978-7-03-067268-1

Ⅰ. ①社… Ⅱ. ①刘… Ⅲ. ①高等学校-学术团体-科研管理-研究-中国 Ⅳ. ①G644

中国版本图书馆 CIP 数据核字（2020）第 265269 号

责任编辑：杭 玫 / 责任校对：王晓茜

责任印制：张 伟 / 封面设计：无极书装

科 学 出 版 社 出版

北京东黄城根北街 16 号

邮政编码：100717

http://www.sciencep.com

北京厚诚则铭印刷科技有限公司 印刷

科学出版社发行 各地新华书店经销

*

2021 年 7 月第 一 版 开本：720 × 1000 B5

2021 年11月第二次印刷 印张：9 1/2

字数：200 000

定价：86.00 元

前　言

团队作为一种具有高度弹性的运作模式被各类组织广泛采用，高校科研团队作为知识经济时代的创新主体，是高校实现人才培养、科学研究和社会服务职能的重要载体，是典型的由知识工作者组成的团队。探讨科研团队绩效的影响因素及影响因素的作用机制成为理论界和实践界关注的重要议题。影响团队绩效的因素是复杂的，影响因素之间有内在联系。

社会资本理论作为研究社会关系网络的学说，关注个体和群体本身的真实生存的正式或非正式的联系网络。每个团队都不是原子化的，团队有其客观生存和发展的网络联系，团队中的每个成员也不是原子化的，单纯地研究团队本身的问题，把团队看作一个孤立的个体是不符合团队的真实生存状态的。从团队所处的网络和联系的方方面面来审视团队绩效的影响因素，可以得出团队绩效与团队成员的社会交往和联系有密切关系,团队绩效的提升来自团队所处的社会网络优势。因此从社会资本视角研究团队绩效，可使我们的研究更加接近现实的真实状态，它使现实生活中存在但在管理研究中常被忽略的因素进入研究视野，可以为很多现象和管理行为提供新的解释和新的认识。

高校科研团队的工作特点是用知识去创造知识，其行为过程主要是围绕知识的交流、共享、整合、创新、增长等环节展开的。根据知识基础观点，知识是团队的原料，也是产出。知识吸收能力是辨识外部知识的价值、消化并有效运用于组织目标的实现的能力。知识吸收能力关注团队的知识运作过程，因此知识吸收能力是影响科研团队绩效的因素。

本书以科研团队为分析对象，综合考虑科研团队的内、外部社会联系状态及团队的知识运作过程能力，并分析这些因素对团队绩效的影响机理，研究结论可为科研团队管理提供参考和借鉴。

本书得到河北省社会科学基金项目“基于供给侧改革的河北省民营企业转型路径及对策研究”（批准号：HB17GL008）和河北省教育厅重点项目“河北省民营企业商业模式选择研究”（批准号：SD151008），以及河北大学燕赵文化高等研究院学科建设经费资助，在此表示感谢。

目　　录

第一章　绪　　论

第一节　现实背景及理论进展

一、现实背景——时代的要求和现实的问题

《国家中长期教育改革和发展规划纲要（2010—2020 年）》指出：充分发挥高校在国家创新体系中的重要作用，鼓励高校在知识创新、技术创新、国防科技创新和区域创新中作出贡献。推动高校创新组织模式，培育跨学科、跨领域的科研与教学相结合的团队[①]。《教育部 2019 年工作要点》指出全面提升高等学校关键领域自主创新能力，继续实施《高等学校基础研究珠峰计划》《高等学校创新能力提升计划》(“2011 计划”)，深入推进高等学校科技创新军民融合发展，服务“一带一路”倡议。推动高校产学研合作，促进高校成果转移转化[②]。

在此背景下我们需认识到：①科研工作是提升高校创新能力的关键。高校创新能力的提升体现在人才培养质量、科学研究水平和社会服务能力上。首先，科研工作有利于培养学生的创新能力。清华大学前校长梅贻琦指出“所谓大学者，非谓有大楼之谓也，有大师之谓也”，大师是在研究与实践、再研究与再实践过程中磨炼出来的，科研工作是培养大师的重要环节；高校科研工作者需要以国家战略需求为导向，以解决重大科学问题及关键技术问题为目标，不断提升科研能力，为国家发展提供战略支撑。其次，进行高校科研工作就是不断提高科学研究水平，同时科研工作不仅重视原创成果，而且强调成果的转化和利用，以更好地服务社会。②高校科研团队是科研工作的重要载体。《教育部科技司 2018 年工作要点》指出：组织高校承担国家重大科技任务。创新高校科研组织方式，协同推进面向

---

① http://www.gov.cn/jrzg/2010-07/29/content_1667143.htm[2020-06-20]。

② http://www.moe.gov.cn/jyb_xwfb/gzdt_gzdt/s5987/201902/t20190222_370722.html[2020-06-20]。

“科技创新 2030 重大项目”和重点研发计划项目实施，加大先期培育和项目组织力度①。因此，组建跨学科、综合交叉的科研团队是提升科研能力的组织保障。作为高校科研工作基本要素的科研团队，肩负提升高校创新能力的重任，成为被重点关注的一种科研组织形式。如何提升科研团队绩效成为大家关注的焦点。

近年来，各高校纷纷出台一系列措施大力推进科研团队的建设，以提高团队绩效。在此过程中发现的一系列问题不容忽视，具体体现为以下几点。

首先，从科研团队学术环境看：①在团队内部学术交流、互动方面，存在“交”而不“流”、“互”而不“动”的状况。虽然多数科研团队都建立了科研例会制度，包括定期召开会议、各项目负责人汇报项目进展情况、将获得的本专业领域中的关键信息进行交流，互补长短、互通有无。但沟通交流效果却有待提升，就像费孝通先生所说的，每个人都像投入水中的石块，以自己为中心形成了一圈一圈波纹似的由亲至疏的关系网，造成团队成员间不能进行实质性的交流和互动，科研例会有时变成了形式。②在团队内部学术合作方面，存在“作”而不“合”的状况。正如德国科学家瑞格尔曼的拉绳实验告诉我们的：二人组的拉力为个人单独拉绳时二人拉力总和的 95%，三人组的拉力只是单独拉绳时三人总和的 85%，而八人组的拉力更降至单独拉绳时八人总和的 49%，单个人的拉力随团队成员人数的增多而递减，瑞格尔曼将其归因于“社会惰性”，这种现象同样存在于科研团队中，部分成员努力保护和减少自身知识付出而希望最多地获取其他成员知识资产的“免费搭车”心理形成了团队惰性。③在科研团队与外部的联系和互动方面，出现了有“协”无“同”的现象。大部分科研团队鼓励成员积极参与对外学术交流与合作，采用请进来、走出去的方式，鼓励团队成员参加专业领域学术报告会、交流会，拓宽研究思路，实现与外部力量的有效协同，但与“谁”协同、“如何”协同的思路不清晰会影响协同效果。

其次，从科研团队的学术能力看：科研团队的学术能力体现在其知识处理过程中，一方面团队成员个体知识难以有效地转化为团队知识，不能实现 1+1=2 或 1+1>2 的效果；另一方面科研团队通过各种途径从外部获取的知识在分享、消化、利用中遇到多重障碍，形成知识过剩和知识冗余，知识无法转化为团队生产力。洪雁和王端旭（2009）指出，在科研团队中由于存在知识过剩现象，科研团队的知识利用率降低。虽然上述现象的产生可能受多种因素的影响，如科研团队的资金、管理体制等，但从理论视角解释上述现象，明确影响高校科研团队绩效的因素，深入剖析这些因素的内在关系及对科研团队绩效的影响机制是我们关注的课题。

---

① http://www.edu.cn/rd/gai_kuang/xin_wen_gong_gao/201803/t20180321_1590995.shtml[2020-06-20]。

二、理论背景——相关理论的进展

（一）知识吸收能力理论

知识作为一种重要的资产，其价值的实现不是自发完成的，通过开发与管理，知识才能显示其价值。知识管理学者达文波特（1999）指出：组织唯一持久的优势来自其集体所拥有的知识和如何有效地运用这些知识。

20 世纪 90 年代以来，知识吸收能力理论作为知识基础观的一个重要分支得到了越来越多学者的关注，Cohen 和 Levinthal（1989）提出了知识吸收能力，并将其界定为通过辨识、消化和利用环节学习外部知识的能力。这一开创性的研究把知识运作过程作为研究对象，关注组织辨识和评价知识、内部化知识并有效利用知识的能力。此后，许多学者的研究都以 Cohen 和 Levinthal（1989）的研究为基础局部扩充或调整了研究的重点，强调知识吸收能力不仅包括辨识、获取外部知识的能力，而且包括整合、消化和利用知识的能力。近年来，知识吸收能力被广泛地应用于组织管理研究领域。

（二）社会资本理论

社会资本是新经济社会学的一个概念，20 世纪 90 年代在政治学、管理学、经济学等领域受到学者的重视，并用于解释和说明各自研究领域的现象。作为研究社会关系网络的学说，社会资本理论关注社会个体本身的真实生存环境，个体都是生活在正式或非正式的关系网络中的，关系网络规模、关系网络结构及关系网络特征是构成个体生存状态的三个维度，关系网络规模是衡量关系网络的基本要素，是指相互连接的个体成员有多少；关系网络结构是指一个网络中要素的构成；关系网络特征是指网络中成员的相互信任程度、联系的频率、交流的深入性及价值观的差异等。关系网络结构及关系网络特征对网络成员的生存、发展和价值实现产生重要影响。良好的关系网络结构和关系网络特征是一种重要的环境资源。近年，社会资本用于诠释群体内部关系及群体间关系，成为解释知识管理、创新绩效的重要变量。

理论的发展为我们思考现实问题提供了指导：首先，高校科研团队是创新导向的典型知识型团队，工作特点是用知识去创造知识、应用知识，其行为过程主要是围绕着知识的交流、共享、整合、创新、利用等环节展开的，知识运作过程视角的团队学术能力表现为团队知识吸收能力；其次，从高校科研团队内部看，成员在分工的基础上进行协作形成一个关系网络，关系网络规模是经常联系的团队成员的数量，关系网络结构表现为团队内部成员的连接构成，关系网络特征表现为团队成员间的信任、互助和互动等。不同团队的内部关系网络是异质的，正是异质性的关系网络影响着团队绩效；从团队外部看，团队与企业、政府、科研院所、顾客等实体间的协作组成了外部关系网络，网络成员间的联系和互动影响协同的效果和效率，因此，关系网络视角的团队学术环境表现为团队社会资本。Dyer 和 Singh（1998）认为知识吸收能力的研究应建立在社会互动、合作网络的基础上。王雎（2007）指出合作网络及群体内外的关系是认识知识吸收能力的一个关键视角。Kogut 和 Zander（1992）指出知识的获取、分享及整合难以通过市场机制或行政命令机制来完成，其本质是一个社会化的过程。因此，知识吸收能力理论和社会资本理论为我们解释高校科研团队绩效的形成机制提供了一种新的思路。社会资本理论使我们认识到团队的内外关系网络规模、结构及特征是团队的一种环境资源，知识吸收能力理论使我们关注团队知识处理能力，即学术能力。虽然以高校科研团队绩效为研究对象的文献很多，但以往的研究有两点倾向：一是忽略了高校科研团队的独特知识性，更多地从团队培育、团队领导、团队建设及团队凝聚力等方面分析影响团队绩效的因素；二是忽略了科研团队的内、外部网络结构和特征等环境资源。李霞和刘国新（2012）指出目前高校科研团队研究有关领导行为的研究相对较多，有关团队行为的研究相对欠缺。把团队知识吸收能力纳入团队环境资源中考虑能更加贴近科研团队的真实运作状态，能使现实生活中存在但在管理领域中常常被忽略的要素进入管理视野，更真实地揭示高校科研团队绩效的形成机制。

第二节　本书主要内容

一、研究对象和目标

（一）研究对象

基于现实背景和理论研究进展，以社会资本理论和知识吸收能力理论为指导，以高校科研团队为研究对象，分析社会资本和知识吸收能力对团队绩效的影响机制。为此需明确两个问题：第一，作为测试样本的高校科研团队是先要明确的概念。概括国内众多学者对高校科研团队的界定，本书界定的高校科研团队是指在一定时期内以创新为工作主线、以科研为主要工作任务、有共同的目标、研究方向稳定且明确的群体，一般团队成员为 3~20 人左右，有团队核心成员。具体包括课题组、研究生导师带领的研究生团队及隶属高校的研究所（中心）三种类型的团队。其中，课题组指有资助经费的纵向和横向课题组；研究生团队指由研究生导师带领的有明确研究方向的研究生小组；研究所（中心）指以科学研究工作为主的隶属高校的实体。上述团队所从事的工作主要是科研工作，都要围绕共同目标而相互协作，都是在科学研究领域中从事创新性活动，是高校科研团队的代表。第二，要明确研究层次。本书将研究定位在团队层面，根据研究目的的不同，社会资本的研究可分别选择宏观、中观和微观分析层次，宏观分析层次关注国家和地区的社会资本；中观分析层次关注组织和团队的社会资本；微观分析层次关注个体的社会资本。本书关注中观分析层次的团队社会资本，团队社会资本是集体层面社会资本的一种，Adler 和 Kwon（2002）用二分法提供了一种社会资本的研究轮廓，即组织外社会资本和组织内社会资本，以此为依据本书把团队社会资本界定为团队内社会资本和团队外社会资本两个组成部分。针对知识吸收能力的主体也分为国家和地区层面、企业层面、团队层面及个体层面，本书关注团队层面的知识吸收能力。

（二）研究目标

总体研究目标是解释团队学术环境、学术能力与团队绩效的关系，进而厘清高校科研团队绩效的影响因素，为科研团队绩效管理提供管理思路和重点。

围绕研究目标主要完成如下内容：通过文献与访谈研究，建立社会资本、知识吸收能力与团队绩效之间的关系，呈现出本书的概念模型；就变量结构和变量之间的关系提出研究假设；编制各变量的测试量表并验证测量模型的可靠性与有效性；分析变量之间的内在关系，根据变量之间存在的关系为科研团队绩效管理提供支持和决策依据。基于此研究过程，具体的研究目标主要体现为以下几个方面。

第一，以社会资本理论为基础，团队社会资本为切入点，在借鉴前人研究的基础上提出了团队内社会资本和团队外社会资本两个部分，分别明确团队内、外社会资本的维度，这既是研究的目的之一，同时是深入研究的基础；以知识管理理论为基础，知识过程为切入点明确知识吸收能力的维度。

第二，分析团队内社会资本及各维度对知识吸收能力及各维度的影响；分析团队外社会资本及各维度对知识吸收能力及各维度的影响。

第三，分析知识吸收能力及各维度对团队绩效的影响。

第四，探讨团队内、外社会资本，知识吸收能力与团队绩效之间的关系。

第五，在厘清这些变量关系的基础上，揭示高校科研团队的运作机理，为高校科研团队建立良好的学术环境和提高学术能力提供建议和对策。

二、研究方法和内容

（一）研究方法

（1）文献分析法：通过查阅中国知网、Web of Science、Emerald、Elsevier 等数据库，输入关键词“社会资本”“知识吸收能力”“团队绩效”，整理和分析社会资本的相关研究、团队社会资本的研究进展、知识吸收能力的前因和后果变量的研究、团队绩效的测量模型；以社会学习理论、嵌入性理论及学习型组织理论为基础，构建理论框架，形成研究思路，提出相关的假设；整理和归纳团队内社会资本、团队外社会资本、知识吸收能力与团队绩效四个变量的研究维度和测量量表。

（2）访谈法：针对研究问题的界定和量表的用词两个方面的问题访谈高校科研团队的核心成员，采用请教和讨论的方式请各位专家和同行发表自己的意见，包括问题的界定是否恰当，量表中的用词是否较准确，题项的次序是否符合逻辑。各位专家及同行的意见对进一步清晰化研究问题、更准确地界定问题及量表中题项的措辞提供了宝贵的建议。

（3）问卷调查法：在前人研究的基础上，分别确定团队内社会资本、团队外社会资本、知识吸收能力及团队绩效的测量量表，调查对象是课题组、研究生团队及研究所（中心）的主要成员，通过调查团队成员对其所在团队的团队内社会资本、团队外社会资本、知识吸收能力和团队绩效的主观感受得到团队层面的数据，以此为基础寻找变量之间的关系。陈晓萍等（2008）指出问卷法是基于三个假设条件的：一是大多数的参与者会认真地阅读和回答问卷中的问题；二是大多数的参与者能理解问卷中的问题；三是大多数的参与者会提供真实、坦诚的答案。为使上述假设接近现实，研究者应尽可能到现场发放和回收问卷，在问卷填写之前进行问卷内容的解释和相关注意事项的提醒。

（4）统计分析：对回收的有效问卷分别采用相关的统计方法进行处理。运用SPSS和AMOS统计分析软件，采用定量分析方法。首先，针对大规模调查回收的数据进行了描述性统计分析：说明各样本特征的分布状况和所占比例；各变量测量得分的最大值、最小值和平均值；通过标准差的计算分析得分的离散程度；偏度和峰度用来衡量数据分布的不对称程度和偏斜程度。其次，利用探索性因子分析方法建立团队内社会资本、团队外社会资本、知识吸收能力和团队绩效四个量表的建构效度，从所有题项中利用主成分分析法抽取若干共同因子，用于确定因子结构；为了确定总量表和各分量表的可靠性和有效性，做信度检验；进行验证性因子分析，包括一阶验证性因子分析和高阶验证性因子分析，探究各量表的因素结构模型是否和收集到的数据相吻合及各观察变量是否可以作为各潜变量的测量变量，用高阶模型分析团队内社会资本、团队外社会资本、知识吸收能力和团队绩效是否可以用一阶因子来表示，最后利用结构方程模型体系中的结构模型进行全模型路径分析检验假设。

（二）研究内容

第一章，绪论。阐述研究背景，界定研究范围，明确研究主题和目标、研究方法和路线，概括研究内容和结构。

第二章，社会资本及相关研究。界定社会资本的内涵，厘清社会资本相关关系研究的发展脉络，分析团队社会资本的研究进展。

第三章，知识吸收能力及相关研究。分析知识吸收能力的内涵，对知识吸收能力的前因及后果研究进行梳理。

第四章，团队绩效的内涵及测量工具。界定团队绩效的内涵，梳理团队绩效的测量模型，指出现有研究的贡献和不足，对社会资本、知识吸收能力和团队绩效相关内容进行归纳及分析总结，形成研究思路。

第五章，理论基础与研究设计。根据文献探讨，以社会学习理论、嵌入性理论及学习型组织理论为基础建构概念模型；分别提出团队内社会资本、团队外社会资本、知识吸收能力与团队绩效四个变量的研究维度；针对四个变量提出变量结构假设和变量关系假设;在文献研究的基础上说明各量表变量测量条款的形成，并进行项目分析。

第六章，变量测量及量表的信效度分析。对问卷回收情况进行汇总并对样本数据特征进行描述，判断调查对象是否符合预定的调查要求。对团队内社会资本、团队外社会资本、知识吸收能力及团队绩效四个变量的总体量表和各分量表进行信度和效度分析，包括探索性因子分析、信度分析、一阶测量模型的验证和二阶测量模型的验证。

第七章，变量交互影响的验证。主要检验团队内社会资本与知识吸收能力的关系；团队外社会资本与知识吸收能力的关系；知识吸收能力与团队绩效的关系；知识吸收能力在团队内社会资本与团队绩效之间的中介作用及知识吸收能力在团队外社会资本与团队绩效之间的中介作用。

第八章，社会资本、知识吸收能力与团队绩效的关系。本章首先对实证研究结果进行汇总；将实证结果与绪论中提到的现实问题相对应，从团队内、外社会资本对团队绩效的影响角度分析了学术环境的重要性，从知识吸收能力对团队绩效的影响及知识吸收能力从团队内外社会资本与团队绩效间的完全中介作用角度指出了学术能力的重要性。

第九章，结束语。对整个研究进行总结，将研究结论与前人的相关研究成果进行对比，总结本书的理论贡献；总结本书的实践意义并提出对管理的启示；做出研究展望，主要分析本书研究的不足和未来研究应该注意的问题。

第二章　社会资本及相关研究

第一节　社会资本内涵界定

社会资本的研究出现于20世纪70年代，90年代以后成为热点。第一个对社会资本进行系统分析的是法国社会学家皮埃尔·布尔迪厄（Pierre Bourdieu），1980年他在《社会科学研究》杂志上发表了题为《社会资本随笔》的短文，正式提出了“社会资本”这一概念。詹姆斯·科尔曼（James Coleman）、罗伯特·普特南（Robert Putnam）、罗纳德·伯特（Ronald Burt）、林南等学者的研究对于社会资本理论的发展意义重大，一方面促使社会资本逐步成为社会学、经济学、政治学、管理学等学科共同关注的对象，另一方面使社会资本的应用范围不断拓展。由于这一概念的跨学科特征，众多学者分别从不同的角度、不同的层次，以不同的主体界定社会资本，研究重点有较大差异，因此，社会资本的研究呈现出“丛林”状态。本节从社会资本的拥有主体、社会资本的表现形式及社会资本的存在状态对相关文献进行梳理分析，以明确社会资本的内涵。

一、社会资本的拥有主体

托马斯·布朗（Thomas Brown）从微观、中观和宏观三个层面分析社会资本，对应地，拥有社会资本的主体包含个体、组织或群体及国家和地区三个层面。

微观层面的研究聚焦个体，个体作为社会资本的拥有主体，相关研究关注行动者如何在社会联系中投资，利用已有的社会联系或通过联系运作而获取有价值的资源，并利用这种资源产生回报。代表人物为罗纳德·伯特、亚力山德罗·波茨（Alejandro Portes）、林南、马克·格兰诺维特（Mark Granovetter）、边燕杰等。伯特（2008）在《结构洞：竞争的社会结构》一书中指出：社会网络是一种社会资本，能够带来收益的社会网络有特殊的结构特征。Portes（1995）同样也关注社会网络，指出个体嵌入社会网络，利用关系网络获取稀缺资源的能力是社会资本的重要体现，这种能力是动态的。林南（2001）从网络资源角度界定社会资本，强调“社会资本是投资在社会关系中并希望在市场上得到回报的一种资源，是一种镶嵌在社会结构之中并且可以通过有目的的行动来获得或流动的资源”。综上所述，个体层面上社会资本的研究有三个特征：第一，社会网络孕育了社会资本；第二，社会资本是一种具有生产性的资源；第三，社会资本维系和建立是一种获取收益的投资活动。

中观层面的研究认为社会资本的拥有主体是组织或群体，聚焦于组织与群体之间的相互联系，重点研究各种正式、非正式的社会关系网络及网络中的群体参与，社会资本被看作一种公共物品。代表人物包括布尔迪厄、科尔曼、普特南等。布尔迪厄（1997）认为社会资本是实际的或潜在的资源，与持续占有的社会网络有关，为群体的每位成员提供支持。Coleman（1988）从功能视角来定义社会资本，关注“什么样的网络”更有利于资源的获取，侧重分析网络结构形态、网络结构中的位置、网络特征对社会实体带来的资源影响，具体包括网络规模、网络成员相互联系密度及联系质量（包括信任、互惠及共同遵守的规则等）。Putnam等（1993）强调了社会资本的集体性，使社会资本超越个体层面上升到“公共物品”，提出社会资本指社会组织的特征，如网络、信任及规范，它们有利于互利的行动与合作。综上所述，中观层面的社会资本分析保留了微观层面社会资本的网络结构，增加了认知因素和更多的主观因素，包括信任、互惠等，关注的焦点也从特定行动者的联系转移到了一个集体中行动者之间的联系方式和联系质量，从这个意义上说，社会资本不再仅仅存在于单个人的联系中，而且也存在于群体行动者的联系中。

宏观层面的研究认为社会资本的拥有主体是国家和地区，赵延东和罗家德（2005）认为宏观层面上社会资本研究侧重分析社会环境，称之为“嵌入结构”的视角。福山（2001）认为社会资本包括文化和价值观，集中反映在社会普遍信任和互惠规范上。托马斯·布朗指出宏观层面的社会资本关注在一个系统中的规范、信任、信念等如何影响资源的获取和创造。宏观层面上的分析更多考虑社会资本对推动经济发展及消除贫困的影响及作用。

综上所述，三个层面的分析相互影响并有效衔接，一个层面的因素会影响到另一层面。微观层面上的社会资本分析以“自我”为中心，关注社会资本如何为个体利益服务；中观层面的社会资本以“结构”为中心，关注社会资本如何为社会网络成员服务；宏观层面的社会资本以“嵌入结构”为中心，关注社会资本如何为公共利益服务。三个层面有不同的研究重点和研究结果，如果用一个层面的研究结论用来解释另一层面的现象就会产生所谓的“生态谬误”。

二、社会资本的内涵

社会资本的内涵有以下几种观点：资源论、网络论、能力论与规范论。其中，网络和规范都可以是资源的表现形式，能力表现在资源的动用过程中。因此，对社会资本内涵理解的分歧主要表现在是“资源”还是“资源动用能力”上。国内外具有代表性的社会资本解释见表 2.1。

表 2.1　社会资本内涵

	作者	时间	社会资本定义
资源论	Bourdieu	1986	社会资本是实际或潜在资源的集合，这些资源与其相互默许或承认的关系所构成的持久性网络有关，这一关系网络是大家熟悉的、得到公认的，集体的每一个成员都拥有这些资源
	Coleman	1988	从社会结构角度对社会资本进行了系统阐述，从功能角度把社会资本界定为个人所拥有的社会结构资源
	Nahapiet 和 Ghoshal	1998	把社会资本看作能获得的嵌入在个人或社会群体拥有的关系网络中的现有和潜在的资源总和
	林南	2001	从网络资源角度界定社会资本，强调“社会资本是投资在社会关系中并希望在市场上得到回报的一种资源，是一种镶嵌在社会结构之中并且可以通过有目的的行动来获得或流动的资源”
	Adler 和 Kwon	2002	社会资本是通过稳定的社会关系所产生的个人和集体资源
网络论	Burt	1992	从网络结构角度界定社会资本，社会资本是“朋友、同事和更普遍的联系，通过它们你得到了使用（其他形式）资本的机会”
	张其仔	2000	社会资本是社会结构中的资源和网络
	卜长莉和金中祥	2001	社会资本是以一定的社会关系为基础，以一定的文化作为内在的行为规范，以一定的群体或组织的共同收益为目的，通过人际互动形成的社会关系网络
能力论	Portes	1995	从网络成员关系角度研究社会资本，社会资本是个人通过他们的成员资格在网络中或者在更宽泛的社会结构中获取短缺资源的能力
	边燕杰和丘海雄	2000	社会资本是行动主体与社会的联系及通过这种联系获取稀缺资源的能力
	朱国宏	1999	社会资本是个人通过自己所拥有的网络关系及更广阔的社会结构来获取稀有资源的能力
规范论	Putnam 等	1993	把社会资本由个体层面的研究上升为集体层面，指出社会资本是一种集体特征，如信任、规范和网络等，它是生产性的，能够通过对合作的促进而提高效率
	福山	2001	从文化角度研究社会资本，社会资本以信任为基础，信任又以文化为基础，内含于群体中的价值观和道德规范决定社会资本

内涵极其丰富的社会资本，研究视角众多。其中，Adler 和 Kwon（2002）用二分法提供了一种研究轮廓——外部社会资本和内部社会资本，并将微观层次和

部分中观层次的社会资本（群体在网络中的结构位置）合称为“外部社会资本”，它产生于某一行动者的外在联系，是存在于组织外部的可利用的资源，反映的是组织间的联系方式和联系特征，又称外联性（包容性）社会资本（bridging/inclusive social capital）。Gittell 和 Weiss（2004）指出外联性社会资本是外向的，在获取外部的异质性资源和信息上更具优势。Adler 和 Kwon（2002）将宏观层次社会资本和部分中观层次的社会资本（群体内部的结构形态及特征）称为“内部社会资本”，指出它形成于群体内部成员的联结，是存在于组织内部的可以利用的资源，反映组织内成员的联系方式和联系特征，表现为内部成员的互动程度、频率、相互信任程度、共同愿景和一致的发展目标等，内部社会资本是一种集体社会资本，又称内联性（排他性）社会资本（bonding/exclusive social capital）。Gittell 和 Weiss（2004）指出内联性社会资本是内向性的，有利于内部运作效率的提高，但内联性社会资本在促进团队忠诚的同时，也可能制造狭隘、封闭的自我群体。刘松博（2007）指出除个人以外的行为主体所具有的社会资本都具有内部社会资本和外部社会资本两个方面。Adler 和 Kwon（2002）按内部视角、外部视角及整体视角对社会资本进行了分类，对于任何组织来说，从组织外部来看是更高层次的社会网络中的个体（节点），同时从其本身来看又是由众多个体（更小的节点）组成的网络。所以研究社会资本需划分层次，包括国家和地区层面、团队和组织层面及个人层面三个层面。角度不同，层面不同，变量有不同的界定。需根据研究目的选择分析层次和视角。

本书的研究聚焦在中观层面，团队和组织作为社会资本的所有主体；从社会资本的表现形式分析，按照马克思的资本观，资本是要实现价值增值的，所以资本是动用了的、用来实现增值目的的“资源”，而“能力”是用来解释实现价值增值的行动过程，因此本书认同“资源论”，按照 Nahapiet 和 Ghoshal（1998）的解释，把社会资本定义为能获得的嵌入在个人或社会群体拥有的关系网络中的现有和潜在的资源总和；从社会资本的研究视角看，基于内、外两个视角把社会资本界定为能获得利益的一组资源，包括集体外部社会资本（指组织外部网络规模、相互联系密度及联系质量等资源）和集体内部社会资本（指组织内部网络规模、网络成员相互联系密度及联系质量等资源）。

本节探讨了社会资本的研究层次、定义及研究视角。社会资本的研究是分层次的，包括国家和地区层面、团队和组织层面及个人层面；对社会资本的理解有资源论、网络论、能力论和规范论之争。Nahapiet 和 Ghoshal（1998）给出的资源论定义及从三个平行维度（结构维度、关系维度和认知维度）对社会资本进行的概念化操作在组织层面的研究中得到大多数国内外的学者认可；Adler 和 Kwon（2002）用二分法提供了一种社会资本的研究轮廓，即组织外社会资本和组织内社会资本。

第二节　社会资本的相关研究

社会资本的相关关系的研究成果众多，可分为两个阵营：一是对社会资本的前因进行研究；二是对社会资本的后果进行研究。国内外文献对社会资本前因的探讨相对较少，较多文献都是集中于对社会资本后果的研究。对社会资本前因的分析是探讨社会资本形成的影响因素，而社会资本不同于组织的物质资本和人力资本，社会资本的形成是行为主体的特征、交往能力及长期有意识投资的结果，是组织的个性资源，是一定时点下行动者资源的客观状况表现。本书不探讨社会资本的前因，关注从特定的时点看客观存在即已经形成的社会资本会影响哪些因素，即社会资本的后果研究。

在中国知网上，输入搜索条件“篇名”为“社会资本”与“绩效”，期限不限，文献来源为“SCI 来源期刊”“核心期刊”“CSSCI”，2018 年 5 月的搜索结果为 240 篇文章，剔除关于“企业家社会资本”的文献 21 篇后，剩余 219 篇。在 Web of Science 数据库的 Web of Science 核心合集中，在“标题”处输入“social capital”和“performance”，时间跨度是“所有年份”，2018 年 5 月的搜索结果为 182 篇文献，剔除关于“MEETING ABSTRACT”的文献 5 篇和“BOOK REVIEW”的文献 1 篇还剩 176 篇，由年代分布可以看出，国内外社会资本的研究成果集中出现在 2010 年以后且持续增长，直到 2018 年，从 2000 年左右至 2018 年 5 月，“社会资本”与“绩效”一直是研究的热点。综述社会资本后果研究的代表性文献，可以分为两类：一类是社会资本对组织绩效或创新绩效的影响研究；另一类是社会资本对知识整合或知识管理效果影响的研究。

一、社会资本对组织绩效或创新绩效的影响研究

社会资本对组织绩效或创新绩效的影响研究的文献分为两类：一类文献分析社会资本对组织绩效或创新绩效的作用；另一类文献分析社会资本对组织绩效或创新绩效的影响机制。

（一）社会资本对组织绩效或创新绩效的作用

相关学者分别对组织内部社会资本与组织外部社会资本的作用进行了分析，对于外部社会资本对组织绩效的影响基本达成了共识，外部社会资本有助于组织创新、组织绩效提高。对于内部社会资本对组织绩效的影响有两种观点：大部分研究结论认为，社会资本对组织来说具有降低交易成本、促进创新、提升竞争优

势及促进知识管理效果等方面的积极作用。韩子天等（2008）着眼于组织层面，分析了内部社会资本（分为结构维度和关系维度）对组织绩效的影响，通过实证研究验证了社会资本的结构维度直接影响组织绩效，关系维度则是通过结构维度影响组织绩效。张其仔（2000）指出存在于管理者和工人之间的社会资本对组织绩效有显著的正向影响。同时有少部分学者认为高内部社会资本使内部成员之间联系过强，会阻碍新成员融入组织，影响新观点和新思路产生，禁锢创新。Portes（1998）是第一个提到社会资本的消极作用的学者，其指出组织内、外社会资本的不均衡分布会产生负面影响，过强的内部社会资本加强了团队内资源的整合，过弱的团队间联系影响团队的创新与发展。Adler 和 Kwon（2002）指出两个行动者联系团结过强，会影响与其他行动者的联系，进而会产生负面影响。Sabatini（2005）指出组织内部社会资本对绩效有负面的影响。Dess 和 Shaw（2001）指出过高的团队内社会资本会使团队丧失获取外部知识的机会，不利于团队绩效的提高。卜长莉（2006）提出需关注社会资本的负面影响，若一味强调社会资本的积极作用而忽略了客观存在的消极作用就不能有效地解释社会资本对组织绩效的作用机制。Villean 等（2011）基于供应链管理，实证研究得出社会资本与组织绩效之间具有倒曲线关系，认为社会资本太多或太少都有可能损害组织绩效。Ben Hador（2017）认为组织社会资本的研究可以分为三个层次——个人、组织内部和外部，每个层次都受到不同因素的影响，对绩效有不同的影响，社会资本的好处是能取得预期的行为结果（如减少缺勤和离职），以及更高的绩效，社会资本存在的风险是实现子单位或小系统的目标而不是整个组织的，有时社会资本被当作组织政治的工具来牟取小群体利益。

（二）社会资本对组织（或创新）绩效的影响机制研究

另一类研究认为社会资本对组织绩效的影响不是直接的，于是在二者之间引入了中介或调节变量。Nahapiet 和 Ghoshal（1998）将社会资本分为结构、关系与认知三个维度，建立了清晰的研究框架，见图 2.1，并从理论上阐明了社会资本有助于智力资本的创造进而会增强组织竞争优势，该研究成果对后人的研究影响巨大，虽然只是从理论角度提出了概念模型，但为后来的实证研究奠定了基础，引用率很高。

在社会资本对组织绩效影响的研究中，以往学者在二者之间考虑的中介变量包括：资源交流、信息传播效率、知识分享与知识整合、知识转移、知识吸收能力等五类。Tsai（2001）证实了社会资本通过资源交流和整合的中介作用影响企业的价值创造和创新，社会资本按 Nahapiet 和 Ghoshal（1998）的三维度分法——结构维度、关系维度和认知维度，其中，结构维度用社会互动联系来测量，关系

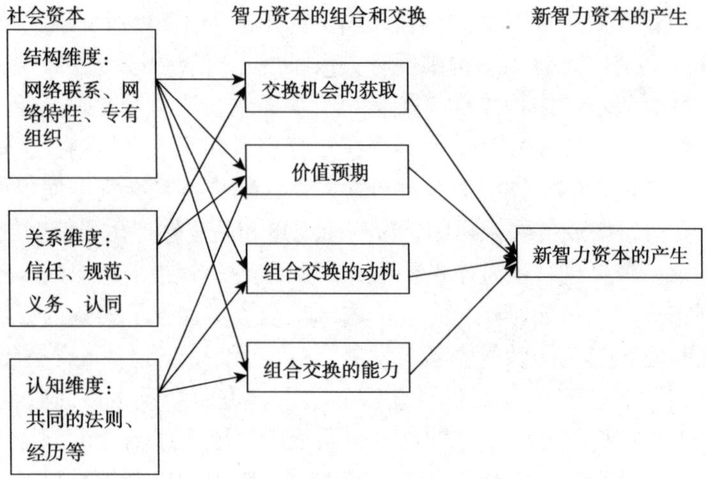

图 2.1　社会资本、智力资本和组织优势之间的关系模型

资料来源：Nahapiet 和 Ghoshal（1998）

维度用信任来测量，认知维度用共同愿景来测量，分析了三个维度之间的相互作用关系，指出三者通过不同作用机制影响知识资本的创造。Yli-Renko 等（2002）实证分析了社会资本通过完善的内部沟通提高信息传播的效率促进组织学习，组织的内部社会资本与外部社会资本对知识密度、国外市场知识、进入经验等变量有不同的影响，进而影响着产品国际市场销售额。柯江林等（2007）在结构、关系与认知三维框架下，指出测量团队社会资本的六个构面——互动强度、网络密度、同事信任、主管信任、共同语言与共同愿景，知识分享与知识整合在团队社会资本与团队效能关系中扮演了完全中介功能，建议管理研发团队时，加强对团队社会资本的培育，重视成员的知识分享与整合。张方华（2010）着眼于组织层面，构建了网络嵌入（包括关系嵌入和结构嵌入）、知识获取与创新绩效之间的关系，实证研究表明企业可以通过嵌入外部网络，获取更多的知识促进组织创新绩效的提高。任俊义（2011）根据 Nahapiet 和 Ghoshal（1998）建立的理论模型，提出了组织社会资本影响智力资本进而影响组织绩效的假设并进行了验证，得出组织社会资本通过知识交换机会、意愿和能力影响智力资本，智力资本对组织绩效有正向影响。阮国祥和毛荐其（2010）提出了影响团队知识转移的理论模型，社会资本（包括结构维度、关系维度、认知维度）影响着社会认知（包括认知能力、认知过程和认知态度三个维度），进而影响团队知识转移绩效，团队社会资本的结构维度影响认知能力，关系维度影响认知过程和认知态度，认知维度影响认知态度。王国顺和杨昆（2011）指出吸收能力总体在企业社会资本对企业创新绩效的影响中起中介作用，外部社会资本促进知识辨识和获取，内部社会资本促进知识分享及应用，社会资本通过中介作用机制影响创新绩效，这为本书将知识吸

收能力作为社会资本各维度影响绩效的中介传导机制提供了依据。宋方煜（2012）通过实证研究得出，企业社会资本的结构维度、关系维度、认知维度对企业知识转移、创新绩效有显著影响，知识转移在企业社会资本与创新绩效的关系中起到了部分中介作用。仇中宁和陈传明（2013）通过实证研究分析了内部社会资本对组织绩效的影响机制，结构维度社会资本和关系维度社会资本对组织绩效无直接作用，认知维度社会资本对组织绩效起直接作用，市场知识转移在内部社会资本和组织绩效中具有明显中介作用。朱霞和路正南（2014）把企业社会资本划分为结构维度、关系维度和认知维度，研究发现企业社会资本与吸收能力对企业技术创新绩效存在着显著的正向影响，其中吸收能力起着调节性中介作用。唐丽艳等（2014）提出社会资本包含三个维度——结构维度、关系维度、认知维度，社会资本的三个维度对在孵企业吸收能力均有正向影响；在孵企业吸收能力在结构维度社会资本和创新孵化绩效之间起完全中介作用；关系维度、认知维度社会资本不仅直接影响创新孵化绩效，还通过在孵企业吸收能力间接影响创新孵化绩效。刘学元等（2016）探讨了在中国关系社会背景下社会资本与创新绩效之间的关系，检验了知识获取对二者关系的调节效应，研究结果表明：企业内部社会资本和客户社会资本对企业创新绩效有显著的正向影响；知识获取对社会资本（供应商、企业内部、客户）与创新绩效之间的关系具有正向调节效应。Ben Hador（2016）分析了组织内社会资本及其对员工工作绩效的影响，研究结果表明，活力与自我效能在组织内社会资本与员工绩效之间发挥中介作用，支持性环境与人格特质的结合可以促进员工绩效的提高。

二、社会资本对知识整合或知识管理效果的影响

梳理以往学者的研究成果，社会资本对知识转移及知识转移效果、知识分享及知识管理有直接的作用。Adler 和 Kwon（2002）在 Nahapiet 和 Ghoshal（1998）的研究基础上提出社会资本三个维度与知识转移的机会、意愿和能力相对应的模型，见图 2.2。

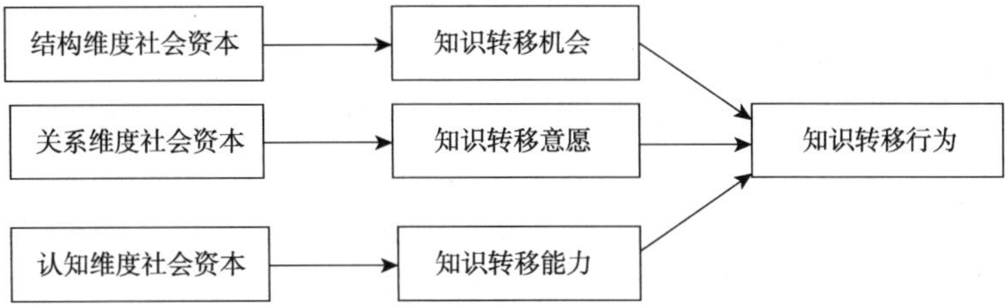

图 2.2　社会资本与知识转移决定因素的匹配关系

资料来源：Adler 和 Kwon（2002）

Tsai（2001）从组织层面分析了社会资本包括结构维度和关系维度，并指出丰富的社会资本更容易转移客户的知识。王三义和何风林（2007）通过实证研究分析了企业间社会资本结构维度、企业间社会资本认知维度及企业间社会资本关系维度对企业之间知识转移的影响，研究结论为：社会资本结构维度通过知识转移机会、知识转移动机和知识转移能力影响着企业间知识转移效果，其中，知识转移能力在社会资本结构维度与知识转移效果之间起中介作用，知识转移机会在社会资本结构维度对企业间知识转移的影响中起调节作用；社会资本认知维度与社会资本关系维度都是通过改变企业间知识转移的机会、动机和能力进而影响企业间知识转移水平。李燕华和宋福烨（2007）建立了社会资本、知识转移促进因素和知识转移效果关系的概念模型，并指出企业间社会资本的结构维度、关系维度及认知维度作用于知识转移的机会、动机和能力，并且最终影响知识转移效果。张化平等（2010）从组织角度实证分析了社会资本结构维度对组织间的知识转移的影响，指出社会资本结构维度的联结强度和网络密度对知识转移具有显著正向影响。Chen 和 Lovvorn（2011）分析了跨国企业的社会资本对知识转移速度的影响，将社会资本划分为结构维度（正式的与非正式的结构）、关系维度（信任、承诺、互惠、认同）和认知维度（明确的目标与组织文化），研究结论表明社会资本可以加快知识转移过程，使企业在竞争激烈的环境下高效运作。罗家德等（2007）把实践性社群内的社会资本分为结构、关系和认知三个维度，分别分析了对知识分享的影响，结果表明除了社会资本认知维度外，社会资本结构维度和关系维度都对个人在社群中的知识分享有显著影响。李林等（2017）选择知乎网用户作为研究对象，构建了社会资本三个维度影响社交网络知识共享效果的概念模型，实证分析结果表明：社会资本结构维度与知识共享质量显著正相关，与知识共享数量不存在显著影响关系；认知维度与知识共享质量和数量显著正相关；关系维度中信任、社区认可与知识共享质量显著正相关，互惠与知识共享质量不存在显著影响关系，互惠、社区认可与知识共享数量显著正相关，信任与知识共享数量不存在显著影响关系。曹玲和顾兵光（2018）将社会资本划分为三个维度：认知维度、结构维度和关系维度，研究结果表明三个维度在知识共享的质量和数量上均有较大的正面影响。

孙永风等（2008）提出组织外部和内部社会资本在知识管理中扮演了不同角色，外部社会资本有利于异质性信息和外部知识的获取，内部社会资本作为信息和知识的处理和分配机制，主要作用在于知识整合，其中，内部社会资本用组织内沟通、部门间信任和组织内共享观念来衡量，研究结果表明内部社会资本增强了内聚性、增加了交流的机会，进而提升了各部门和人员获取外部知识的范围，研究结论验证了 Tsai 和 Ghoshal（1998）关于组织内社会资本有利于知识整合的观点。张爱丽（2010）建立了包含组织内、外部社会资本和知识创造三个变量的理论模型，并通过实证研究得出了组织内、外部社会资本都对知识创造有正向影响，并且组织内、外部社会资本互相关联。

综上所述，对于社会资本对组织知识分享、知识整合及组织绩效的提升产生的影响，学者已达成共识，验证了社会资本是影响组织绩效和知识管理效果的重要变量，但对于内外部社会资本在组织绩效提升中发挥多大的作用及如何发挥作用，不同的学者研究视角不同，研究思路不同，得出的结论有一定的差异。社会资本的各维度对因变量的解释作用程度不同。

第三节　团队社会资本的相关研究

组织为了快速适应变化的环境，越来越多地采用团队这种组织形式，团队成为组织最基本的工作单元。团队是镶嵌在更大的社会系统中（企业、社区、学校、商业组织等）的单元。围绕着团队的社会系统影响着团队的运行，团队所嵌入的社会系统对团队绩效的影响是我们要关注的。Oh 等（2006）指出团队社会资本是团队可以利用的一种资源。团队社会资本如何影响团队绩效，梳理以往的研究成果：一是团队内部社会资本对团队绩效的影响研究；二是团队外社会资本发挥作用的机理；三是把团队社会资本作为一个整体来分析其发挥的作用。

一、团队内部社会资本对团队绩效的影响研究

关注团队内社会资本的主要文献分为团队层面的研究和跨层面研究两大类。团队层面的研究聚焦团队内社会资本形成的前因和后果两类。

武春华（2007）以高校科研团队为例，通过实证研究得出关系融洽、氛围开放、健康竞争和制度合理是影响团队内社会资本的四个因素。郭彦（2011）以高校科研团队为例，实证研究得出团队内社会资本形成的前因包括团队成员间的沟通及共同规范，团队内合理的行为规范不但直接影响高校科研团队中成员间知识转移的效果，而且通过影响团队中的网络联系和团队认知进而影响成员之间知识转移的效果。

柯江林（2010）通过探索性因子分析和验证性因子分析确定了团队内社会资本由六个一阶因素构成，以此为出发点，以知识整合和知识分享为中介变量，实证研究研发团队效能的形成机制。Chen 等（2008）分析了在研发项目团队中社会资本与团队创造力的关系，以台湾高科技公司的 54 个研发团队为例，分析了团队内社会资本对团队创造力的影响，因子分析的结果表明团队内社会资本由四个因素构成——社会相互作用、网络连接、相互信任和共享目标，研究表明：社会相

互作用和网络连接对研发团队创造力有正向影响；相互信任和共享目标对团队创造力则没有明显的正向影响。顾琴轩和王莉红（2015）实证研究了研发团队社会资本对创新绩效的作用路径，研究结果表明：研发团队三维度社会资本（结构、认知和关系）对创新绩效均具有显著的积极影响，其中，团队心理安全在团队结构社会资本与创新绩效间发挥部分中介作用，团队学习行为在认知资本与创新绩效之间发挥部分中介作用，团队心理安全在团队关系资本与创新绩效之间发挥完全中介作用，团队学习行为在团队关系资本与创新绩效间发挥完全中介作用。谢洪涛等（2016）在《科研团队社会资本、个体动机对个体知识共享行为的影响——基于多层线性模型的跨层次分析》一文中，将团队社会资本分为结构资本、关系资本和认知资本，将个人动机分为互惠动机、兴趣动机、关系动机和利他动机，采用多层线性模型方法并利用调研数据，从团队和个人两个层次探究了科研团队的社会资本和个人动机对个体显性知识共享行为和隐性知识共享行为的影响，结果显示：个人动机和科研团队社会资本对个体的显性知识及隐性知识共享行为都产生正向影响，其中，个人动机的影响作用更为显著，社会资本在个人动机变量与显性知识共享行为之间发挥调节作用。

二、团队外社会资本发挥作用的机理

关于团队外社会资本的主要文献为 Chang 等（2011）实证分析了团队外部社会资本与团队弹性之间的联系，其概念模型见图 2.3，建立在社会资本理论的基础上，研究表明外部社会资本有利于信息系统发展（information system development，ISD）团队弹性的提高，进而有利于团队绩效的提高。外部社会资本的各个维度对团队弹性的作用程度是不同的，水平联系对管理弹性和技术弹性有正向影响，垂直联系对管理弹性有正向影响，市场联系对技术弹性有正向影响。

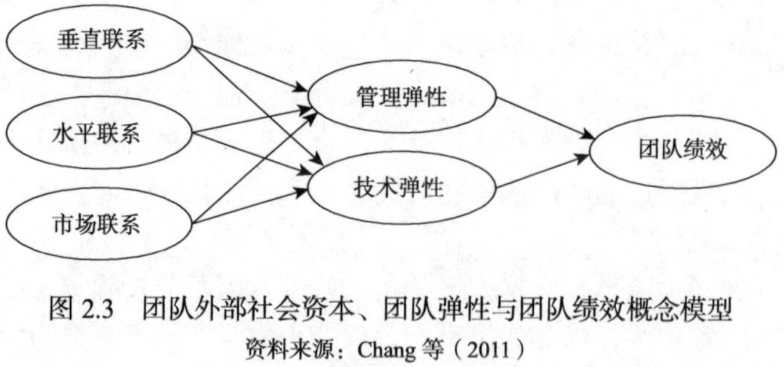

图 2.3　团队外部社会资本、团队弹性与团队绩效概念模型

资料来源：Chang 等（2011）

国内专门针对团队外社会资本的研究大部分是以高管团队为分析对象。何大军（2008）在《高层管理团队社会资本对企业多元化战略与绩效的影响——基于中国上市公司的实证研究》一文中指出，高层团队的社会资本包括政治网络、经

营网络及校友网络，对于企业业务多元化战略和地域多元化都有显著促进作用。章斐（2017）把高管团队社会资本分为政治、学术、金融和海外四类，并实证研究了其与组织绩效之间的关系，研究表明高管团队政治社会资本与组织绩效显著负相关，学术、金融社会资本与之显著正相关，海外社会资本与之正相关，但相关性不显著；股权集中度指标具有部分调节效应，股权集中度增高，高管团队政治社会资本与组织绩效的负相关关系增强，高管团队学术、金融社会资本与组织绩效之间的正相关关系减弱，股权集中度对高管团队海外社会资本的调节效应不显著。师嘉林（2016）在《高管团队社会资本与企业多元化战略的关系——基于IT上市公司的实证研究》中得出结论，高管团队政治社会资本、校园社会资本分别对企业多元化程度有显著的正向影响，即高管团队通过政治身份、政治背景嵌入的政治网络和通过接受高水平的教育嵌入的关系网络而获取的资源和获取资源的能力对促进企业多元化有积极影响；高管团队荣誉社会资本对企业多元化程度有显著的负向影响；高管团队公共社会资本对企业多元化程度没有显著影响。

三、把团队社会资本作为一个整体来分析其发挥的作用

同时考虑团队内、外社会资本的文献有三类：第一类是一般类型的团队社会资本的分析。Oh 等（2006）把团队社会资本界定为团队通过成员的社会联系可获得的资源，并提出团队社会资本资源流来自许多不同的通道，给出了一个多维度概念模型，见图 2.4，图 2.4 表示团队社会资本通道影响团队社会资本资源进而影响团队效能。

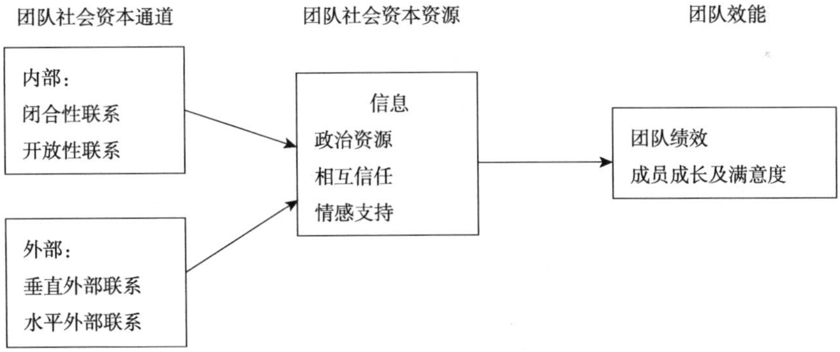

图 2.4　团队社会资本模型

资料来源：Oh 等（2006）

Han（2018）根据团队的结构特征和功能，将团队社会资本分为团队合作和团队搭桥两种类型，团队合作社会资本来源于一个内部团队网络结构，它既有积极的、强的、互惠的关系，又包含很少的局部结构洞；团队搭桥社会资本来自一

个外部团队网络结构，其特征是广泛的积极联系跨越不同的边界和丰富的外部结构洞。团队合作社会资本起着黏合剂的作用，它将所有成员联系在一起，为集体目标而行动；而团队搭桥社会资本则起拓展的作用，使团队能够与外部环境建立更广泛的联系。团队内部社会资本与团队外部社会资本具有不同的功能，内部社会资本聚焦整合功能，关注团队成员的联系结构；外部社会资本聚焦扩展功能。团队社会资本作为一个整体为团队成员之间的信息共享和协作及外部资源的拓展与联络提供了一个良好的社会环境。辛燕（2014）对团队社会资本、交互记忆系统及团队学习的关系进行了研究，得出以下主要结论：团队社会资本和交互记忆系统呈显著正相关，但不同维度之间的影响作用有差异；团队社会资本与团队学习之间显著正相关，但不同维度之间的影响作用是有差异的；交互记忆系统与团队学习之间显著正相关，但不同维度之间的显著程度不同；交互记忆系统在团队社会资本和团队学习之间起到显著中介作用；团队成员的个性特征（年龄、受教育程度）和团队特征（团队工作年限、所处阶段）对团队社会资本、交互记忆系统和团队学习有影响和调节作用。Hsu（2015）提出一个概念模型说明了社会资本如何影响虚拟社区成员之间的在线知识共享，从而提高成员之间的关系连续性和虚拟社区的声誉，把社会资本划分为社会资本利益（社会互动、信任、共同愿景）和社会资本风险（阻力、规范的压力）两个维度，实证研究结果表明社会资本和互补资源的收益对知识共享有着积极的影响，从而加强了关系的连续性和社区声誉，而且社会资本的风险对知识共享产生了预期的负面影响，包括搭便车行为产生的负面影响。周霞等（2015）在《团队社会资本对团队创新绩效影响的实证研究——团队吸收能力的中介效应》一文中，把团队社会资本分为内部社会资本与外部社会资本，并且把内、外部社会资本都划分为结构维度、关系维度和认知维度，其中，团队外部社会资本显著正向作用于团队创新绩效，在子维度层面，关系维度对创新绩效的正向影响最为显著，认知维度的影响次之，而结构维度对创新绩效的关系未通过显著性检验；团队内部资本显著正向作用于团队创新绩效，其中，关系维度对创新绩效的正向影响最为显著，认知维度的影响次之，结构维度的影响最小；团队吸收能力在团队社会资本与团队创新绩效之间具有部分中介效应，这表明团队内外部建立相互信任并持有共同编码体系和价值体系的互动网络，有利于团队识别、获取、共享与应用知识，进而促进团队创新。Wu 和 Lee（2016）分析了团队社会资本如何在团队层面上促进知识共享，将团队社会资本分为结构和资源两个维度，认为不同的团队社会资本结构会产生不同的资源，进而影响群体知识共享。团队社会资本结构包括社会互动和任务相互依存两个维度，团队社会资本资源包括团队信任和知识共享的支持性氛围两个维度，结果表明：团队的社会互动正向影响团队信任，任务相互依存与团队信任和知识共享的支持性气氛呈正相关，此外，发现团队信任和知识共享的支持性氛围均对知识共享有影响。

第二类是高管团队社会资本的分析。刘兵等（2013）将高管团队社会资本分为内部社会资本和外部社会资本，将内部社会资本划分为三个维度，将外部社会资本划分为两个维度，研究发现：社会资本的五个维度对战略柔性均具有显著影响，但各维度对战略柔性的影响程度不同，研究揭示出社会资本是提升组织动态能力的重要驱动源。顾晓（2013）在《高管团队社会资本对企业创新能力的影响——以江西省上市公司为例》一文中指出，相较于高管团队内部社会资本，高管团队外部社会资本对创新能力的正向影响更大，高管团队外部社会资本各维度对创新能力的影响强度从大到小，依次为政治资本、金融资本、技术资本、客户资本；高管团队内部社会资本各维度对创新能力的影响强度从大到小，依次为关系维度、认知维度、结构维度，基于此，提出高管团队成员要加强与外部各方的联系，同时应加强内部成员之间的互动，提高信任度和凝聚力。牟琪（2014）将高管团队社会资本划分为高管团队政府社会资本、高管团队市场社会资本、高管团队金融社会资本、高管团队技术社会资本和高管团队内部社会资本，得出以下主要结论：高管团队政府社会资本、市场社会资本、金融社会资本和内部社会资本对企业财务资源增长稳定性有显著正向影响；高管团队政府社会资本、市场社会资本、金融社会资本和内部社会资本对企业销售增长稳定性有显著正向影响；高管团队技术社会资本对企业财务资源增长稳定性和销售增长稳定性有正向影响，但是影响不显著。孙善林等（2017）在《高管团队社会资本对企业开放式创新能力的影响研究——以资源获取与资源整合为中介变量》一文中，探讨了高管团队内、外部社会资本对企业开放式创新能力的内在作用机制，研究结果显示：高管团队的外部社会资本对企业（外部）资源获取有显著正向影响；高管团队的内部社会资本对企业（内、外部）资源整合有显著正向影响；资源整合对开放式创新能力具有显著正向影响；资源获取对资源整合和开放式创新能力都具有显著正向影响；资源获取和资源整合是高管团队内、外部社会资本与企业开放式创新能力之间的完全中介变量。

第三类是对创业团队社会资本的研究。谢雅萍和张金连（2014）在《创业团队社会资本与新创企业绩效关系》一文中，构建了相对全面的创业团队社会资本指标体系，这一指标体系在实证中得到较好验证，同时分析了新创企业绩效同时受到创业团队内、外部两种社会资本的影响，但是不同维度创业团队社会资本对新创企业绩效的作用强弱、性质均存在差异，主要表现在内部沟通、成员信任、共同目标等内部社会资本和外部社会资本正向作用于新创企业绩效。

通过对国内外的团队社会资本的主要相关研究文献进行整理，我们发现：第一，团队社会资本的研究成果尤其在国内的研究成果中，研究方向聚焦之一是高层管理团队社会资本对团队绩效的影响。一方面是高层管理团队社会资本对战略选择的影响，基本认同丰富的高层管理团队外部社会资本对战略多元化、战略柔性、战略变革起明显的促进作用。另一方面是高管团队社会资本对企业创新能力和企业绩效的影响。各位学者对社会资本的划分维度有所不同，因此研究结论有一定的差异，但高管团队社会资本总体上正向影响企业创新能力和绩效。以高校科研团队的社会资本作为分析对象的实证研究还较少。第二，基于内部和外部两个视角的团队社会资本研究较为普遍，团队内社会资本的研究采用经典的Nahapiet和Ghoshal（1998）提出的结构维度、关系维度和认知维度，团队外社会资本大都采用联系的形态或方式来测量。第三，把团队社会资本当作自变量的因变量主要有两大类，一是团队绩效或组织绩效，二是知识吸收能力或知识能力。大部分的实证研究都得出团队内、外社会资本与组织绩效或知识分享效果是正相关的，但是团队内、外社会资本的各维度对各因变量的作用解释不一。本书认为团队社会资本是团队成长过程中通过经营而得到的一种不可复制的、潜在的、可以被团队有效利用的环境资源，其中，团队内社会资本是团队内部成员之间在相互作用的过程中形成的一种内部资源，团队外社会资本是团队成员在长期和外部成员交往过程中形成的一种稳固的资源，二者加总表现为团队可以利用的一种环境资源。科学地测量这种环境资源，并分析其发挥的作用具有重要的意义。

综上所述，以往研究尚未对社会资本如何影响组织绩效达成共识。虽然对于社会资本作为解释组织绩效的重要变量已达成共识，但在细化内、外部社会资本分别发挥的作用时有不同的结论。对于外部社会资本对与组织绩效的影响基本达成共识，高外部社会资本促进组织绩效的达成，对于内部社会资本对组织绩效的影响存在分歧，一种观点认为高内部社会资本促进组织绩效的实现，另一种观点认为高内部社会资本对组织绩效的实现有负面影响。对于团队内、外社会资本分别如何影响团队绩效的关注不多，是否存在高团队内部社会资本禁锢团队创新的现象存在，有待我们进一步的解释。

第三章　知识吸收能力及相关研究

20 世纪 90 年代以来，知识吸收能力成为管理研究中的重要概念之一。战略管理、信息管理、组织行为管理等研究领域的学者相继把知识吸收能力作为本领域的研究对象来解释该领域的现象。在中国知网上，输入搜索条件“篇名”为“知识吸收能力”与“绩效”，期限不限，期刊来源为“SCI 来源期刊”“核心期刊”“CSSCI”，2018 年 5 月搜索结果为 17 篇文章，从 2008 年开始一直到 2018 年，每年 1~2 篇。在 Web of Science 数据库的 Web of Science 核心合集中，在“标题”处输入“Knowledge absorption capacity”和“performance”，时间跨度是“所有年份”，2018 年 5 月搜索结果检索结果为零；把“标题”改为“主题”，搜索结果为 171 篇文献，删除“MEETING ABSTRACT”和“Book Review”的文献后还剩 128 篇，由年代分布可以看出，国外知识吸收能力的研究出现在 2008 年后，且每年都有研究成果。国内知识吸收能力的研究成果集中出现在 2014 年以后且持续增长直到 2018 年。梳理关于知识吸收能力的研究发现研究成果主要集中在两个方面：一是关于知识吸收能力概念本身的界定；二是知识吸收能力的相关研究。

第一节　知识吸收能力的内涵

知识吸收能力是分析不同主体识别知识、吸收知识并应用知识达成目标的能力。对组织来讲，发现和利用知识的能力取决于员工个体的知识吸收能力，但组织的知识吸收能力不是员工个体知识吸收能力的简单加总。从以下三个方面对知识吸收能力的文献进行综述：一是不同学者对知识吸收能力的定义；二是知识吸收能力主体分析；三是知识吸收能力客体的特征分析。

一、知识吸收能力的定义

Cohen 和 Levinthal（1989）首先提出了知识吸收能力的概念，并将其界定为组织通过辨识、消化和利用环节学习外部知识的能力。这一开创性的研究把组织学习过程作为研究的对象，强调组织在动态的环境中辨识知识、将其内部化并有效利用的能力。此后，许多研究都基本以该定义为基础，局部调整或扩充了 Cohen 和 Levinthal（1989）对知识吸收能力的界定，知识吸收能力的代表性解释见表 3.1。

表 3.1　知识吸收能力的内涵

作者	时间	知识吸收能力的内涵
Cohen 和 Levinthal	1989	组织通过辨识、消化和利用环节学习外部知识的能力
Cohen 和 Levinthal	1990	组织认识到新知识的价值、吸收知识并利用知识达到商业目的的能力
Mowery 和 Oxley	1995	组织吸收外部知识使其内部化的能力，还包括使组织隐性知识显性化的能力
Lane 和 Lubatkin	1998	指学生组织将从教师组织处获取的知识评价、消化和利用的能力
Kim	1998	知识吸收能力包含知识学习能力和解决问题能力两部分
Zahra 和 George	2002	知识吸收能力是组织一系列的惯例和流程，通过这些惯例和流程组织得以获取、消化、转化并利用知识以达到价值创造的目的
Lane 等	2006	知识吸收能力是指组织通过探索性学习、转换性学习及开发性学习三个顺序环节运用外部环境中知识的能力
Todorova 和 Durisin	2007	知识吸收能力是组织评价、获取、消化或转化、利用知识的能力

资料来源：作者根据相关文献整理

Cohen 和 Levinthal（1990）在自己原来知识吸收能力定义的基础上，提出应更加注重吸收过程的认知方面，并把知识吸收能力的定义修正为：辨识到外部知识的价值、将其消化并有效运用于组织目标实现的能力。以该定义为基础延伸出了三种能力，第一是辨识能力，其指辨识外部新知识价值的能力，该能力与组织先前知识、经验密切相关；第二是消化能力，其指组织消化外部新知识的能力，即外部知识内部化能力，该能力与组织内部的知识处理过程相关；第三是利用能力，其是组织能有效利用外部知识的能力，组织如果有更多的解决类似问题的经验，一般能有效利用新消化的知识达到商业目的。该定义强调了知识吸收能力很大程度上与组织原有知识基础、先前的学习经验、知识共享状况、成员的共有价值观及问题解决能力有关。随后各位研究学者从该定义出发，提出了不同的研究维度。

Lane 和 Lubatkin（1998）在界定知识吸收能力时，指出分析单位应从单个组织转移到两个组织之间的联系，提出了相对吸收能力，强调了吸收能力的情境，认为知识吸收能力是学生组织将从教师组织那里获取的知识评价、消化和利用的能力，并通过实证分析得出了学生组织的知识吸收能力与以下因素密切相关：教师组织提供的知识类型、双方知识基础的相似性、双方组织的知识处理过程、利用知识的系统相似性及组织措施和组织结构等方面的相互了解等。

Kim（1998）以韩国企业为研究对象，提出企业的知识吸收能力包含两部分：企业获取、整合外部知识的能力合称为学习知识能力；企业将知识转化、创新的能力称为解决问题的能力，解决问题的能力是建立在学习知识能力的基础上的。

对 Cohen 和 Levinthal（1989）的定义延伸最远的是 Zahra 和 George（2002），其指出知识吸收能力是组织的一种动态能力，是组织获取、消化、转化和运用知识的一系列规程和流程，同时突出了内部知识共享和整合是知识吸收能力的重要组成部分。Zahra 和 George（2002）界定了四种能力，构成了知识吸收能力的四个维度，并进一步把四个维度分为了两个组成部分，一是潜在吸收能力（potential absorptive capacity，PACAP）；二是现实吸收能力（realized absorptive capacity，RACAP）。潜在吸收能力包括知识获取能力和知识消化能力；现实吸收能力包括知识转化能力和知识利用能力。这两种能力相互独立又相互补充，一个组织没有获取知识难以有效利用知识，同样只有获取和消化知识而不能将其有效转化和利用，也不能增强组织的竞争优势。因此，知识吸收能力的任何一个维度都是必不可少的。

Lane 等（2006）拓展了知识吸收能力的内容，认为知识吸收能力是指组织通过三个顺序的环节运用外部环境中的知识的能力，第一个环节是通过探索性学习发现和认识有价值的外部知识；第二个环节是通过转换性学习消化外部有价值的知识，转换性学习是将外部知识和内部知识有效整合的过程；第三个环节是通过开发性学习用消化的知识去创造知识或达到商业目的。

Todorova 和 Durisin（2007）对知识吸收能力的概念作了重新界定，强调了知识吸收过程中的第一个能力即“辨识外部知识的价值”，这样的一个观点强调了“认知”是获取外部知识的关键一步，“认知”能力与组织先前的知识、经验等有密切联系，如果没有这些先前的知识，组织就不能正确地评价知识，也就不能吸收知识。同时，当组织外部知识和组织的认知模式符合时，组织成员可以直接消化知识，而当外部知识和组织的以前的知识、经验和惯例不相容时，需经过转化环节，组织成员的认知结构需要调整去匹配他们不能消化的知识。所以知识消化和知识转化能力不是必须相连的顺序环节，而是知识消化和知识转化二者取其一，于是在此研究基础上把知识吸收能力界定为组织评价、获取、消化或转化、利用知识的能力。

Camisón 和 Forés（2010）指出目前的大多数研究都以 Zahra 和 George（2002）的研究为依据，把知识吸收能力划分为两个组成部分——潜在吸收能力和现实吸收能力，潜在的吸收能力包括知识获取能力和知识消化能力，反映组织评价、获取和消化外部知识的能力；现实吸收能力包括知识转化和知识利用能力，反映组织整合和重构现有的知识和新知识并有效利用的能力，所以现实吸收能力不仅包括改进现有知识的能力，而且包括创造新知识的能力。这些环节相互独立，体现了知识吸收能力的不同特征，因为有些组织可以辨识和消化外部知识，但不能有效地把这些知识和组织现有的知识进行整合，潜在的知识吸收能力没有过渡成现实的知识吸收能力，所以在组织获取外部知识后，还要考虑和现有知识的有效融合，知识需要被重新理解、综合和编码，才能有效地利用。

二、知识吸收能力主体

知识吸收能力是一种重要的无形资产，因此先要界定是“谁”的知识吸收能力，即知识吸收能力的主体；国内外的学者研究了各个层面的知识吸收能力，国家和地区层面的知识吸收能力的代表性研究成果为：Mowery 和 Oxley（1995）指出国家知识吸收能力作为内在技术转移与国家革新系统的调节变量。政府提供的是技术的信息部分，利用技术需要吸收能力。关注在组织间层面上分析知识吸收能力学者包括：Lane 和 Lubatkin（1998）指出知识吸收能力的分析单位应是一组企业，两个企业知识的相似性及知识处理过程比一个企业原有的知识基础更为重要；Cohen 和 Levinthal（1990）、Szulanski（1996）则关注某一个组织的知识吸收能力，认为组织的知识吸收能力是在组织成员个体知识吸收能力的基础上形成的，这种能力是以组织为主体的，是弥漫在组织中的，不是依附于某个人的，是基于学习得到的一种组织能力，这种组织能力不仅表现在从组织外部获取知识，也表现在知识在组织内的扩散和转移，即组织对获取的知识进行消化、转化和利用以更好地实现组织目标的能力。个体知识吸收能力是个人学习和消化组织内外部知识并有效运用以更好地实现个体目标的能力，属于个人能力，以成员个体为主的知识吸收能力，会因成员的流失而把这种资产从组织中带走。目前国内关于知识吸收能力的研究，大都在组织层面，组织吸收能力的大小与各成员个体的知识吸收能力密切相关，但不是个体成员知识吸收能力的简单加总，团队层面的知识吸收能力可由此延展开来，唯一不同的是不同层面的主体，其动机和目标是有差别的，提高国家和地区层面的知识吸收能力有利于提高区域生产力，提高组织和团队层面的知识吸收能力能促进组织和团队绩效的提高，提高个体层面知识吸收能力能使个人更高效地实现其目标。但不论哪个层面的知识吸收能力，清晰地界定知识吸收能力的各构成要素及其对绩效作用的程度是研究的重点内容。

三、知识吸收能力客体

知识吸收能力的吸收客体是知识。知识是一个多层次含义的概念。王德禄（2003）指出学科基础不同，研究的视角不同，给出的解释和定义是不同的，早在古希腊时代，哲学家就对知识的内涵进行了各种界定，并导致了许多认识论上的争论。随着知识取代劳动和资本被看作一种最重要的资源，它逐渐被经济学者和管理学者所关注。

哲学视角的知识：苏格拉底（Socrates，公元前469—前399年）认为知识建立在理性基础上，提出了“知识即美德”的命题；古希腊哲学家柏拉图（Plato，公元前427—前347年）继承了苏格拉底的知识是建立在理性基础上的看法，将知识定义为“可确证的真实信念”；弗兰西斯·培根（Francis Bacon，1561—1626年）认为“知识就是力量”，科学知识来源于对自然事物的感觉经验；约翰·洛克（John Locke，1632—1704年）认为全部知识都是建立在经验上的，知识归根到底都是源于经验的；约翰·杜威（John Dewey，1859—1952年）认为知识是与现实生活相联系的，不是脱离实际的，知识是系统化的、联系的，不是独立和孤立的，知识是具有个人属性和时间属性的。综上所述，哲学视角的知识主要对人类社会共同知识的性质进行了研究，从西方古代的知识观一直到现代知识观，在知识本质上，逐渐实现了主客体的统一；在知识获取上，主客体的观念中心移到了主体上，并且承认了知识的个体性。

管理学视角的知识：Nonaka（1994）定义知识为“有充分根据的信仰”，并认为知识是多构面的，在意义上也是多层次的，作为一种被确认的信念，通过个体的信念和约束模式来创造、组织和传递，在传递知识的同时也传递一整套文化和相关的背景系统，知识源于个人内心和行动；Davenport 和 Prusak（1998）将知识解释为“知识是一种包括文字化信息、结构化经验、专家独特见解的具备流动性特质的综合体，知识无处不在，它不但可以隐藏在日常例行的工作、规范之中，也可以借助于文件化、系统化的机制将知识储存在组织的数据库中”；德鲁克（1999）指出知识是一种能够改变某些人或某些事的信息，既包括使信息成为行动的基础方式，也包括通过对信息的运用使某个个体（或机构）有能力进行改变或进行更为有效的行为的方式；Akcoff 最早区分数据、信息和知识，他将人类的智力划分为数据、信息、知识、智慧四个等级，即 DIKW（date-information-knowledge-wisdom）等级模型。因此，在信息和知识之间至少有三点明显的区别：知识需要主体，知识比信息更难共享和转移，知识比信息更难理解和吸收。

经济学视角的知识：哈耶克较早从知识和经济之间的关系角度来认识知识，其认为知识源于经验，经验是获得知识的基础。知识不仅指“智识”和“个人有意识的和明确的知识”，而且包括“传统”和“制度”，前者如我们的偏好和态度，后者如我们的工具及制度等。它们也是“累积性发展的产物，而绝不是任何个人心智设计的产物”。

本书以哲学视角的知识内涵为基础，从管理和经济视角界定知识：知识是活动主体在长期的生产经营过程中积累的认识成果的总和。关于知识的分类有以下两种典型的观点。

（1）经济合作与发展组织（Organization for Economic Co-operation and Development，OECD）1996年把知识划分为四种类型：事实知识（知道是什么的知识）、原理知识（知道为什么的知识）、技能知识（知道怎么做的知识）和人力知识（知道是谁的知识）。事实知识和原理知识属于显性知识，可以传播和共享；技能知识和人力知识属于隐性知识，只可意会而不可言传。

（2）按照知识的编码化程度将其划分为显性知识和隐性知识。20世纪60年代波拉尼提出隐性知识和显性知识的概念，显性知识是指能被编码的知识，它更正式、更成系统，主要是通过书籍、数据库载体，以语言、数字图表、公式等手段清楚表达的知识；隐性知识是高度个人化的，只可意会不可言传，难以表达和衡量价值，是存储于人们头脑中的经验、诀窍、灵感和悟性，以及隐含于过程和行动之中不易被认识到的知识，共享的难度较大。Nonaka（1994）进一步扩展了波拉尼的知识分类，提出隐性知识又包括两个层次——技术维度的知识和认知维度的知识，技术维度的知识源自高度主观和个人的洞察力、直觉、预感和悟性，包括非正式和没有定量化的技能或手艺，称之为秘诀（know-how）。认知维度的知识是源于内心深处的价值观，是潜移默化在不知不觉中形成的知识，包括信念、理想、情感及心智模式，影响着人们对周围世界的感受方式，很难用语言符号表达出来。个人的隐性知识是组织竞争力的重要来源，要重视通过个人体验、知识共享，将个人隐性知识转变为组织竞争力，重视隐性知识的组织不是作为一部处理信息的机器而是一个活生生的有机体。

第二节　知识吸收能力的相关研究

知识吸收能力的相关关系研究主要集中在三个方面，一是知识吸收能力的前因研究，二是知识吸收能力的后果研究，三是知识吸收能力发挥的调节或中介作用的研究。对知识吸收能力的相关研究的主要文献的梳理和归纳如下。

一、知识吸收能力的前因研究

对于知识吸收能力前因的分析可分为三个角度：吸收主体内部视角、吸收主体外部视角及综合吸收主体内外部因素。从吸收主体内部视角看，影响知识吸收能力的因素包括组织先前的知识和经验、组织结构及知识整合能力、研发投入、组织的人力资源管理实践、组织文化、组织内社会资本等。

Cohen 和 Levinthal（1990）提出组织先前的相关知识基础影响着知识吸收能

力，组织先前的知识基础影响着组织对知识的认知和组织行为，认知水平影响着组织对知识的敏感性、对知识的评价、对获取知识机会的把握等。van den Bosch 等（1999）在此研究的基础上提出组织结构和组织的知识整合能力会影响吸收能力，而且原有的知识基础是通过组织结构和组织的知识整合能力影响知识吸收能力的，原有的知识基础不会直接作用于吸收能力。一是要通过组织结构，常见的组织结构有直线职能式、事业部式和矩阵式组织结构，有明确分工的、纪律性和规则性较强的直线职能式组织结构对吸收能力的影响是消极的，事业部式组织结构对知识吸收能力的影响是适中的，柔性较强的矩阵式组织结构对知识吸收能力的影响是积极的。二是要通过知识整合能力，van den Bosch 等（1999）把知识整合能力看成是影响知识吸收能力的要素，并指出知识整合能力指组织的系统化能力、合作能力和社会化能力，其中，系统化能力是组织把业务活动过程的潜在规则、惯例等文件化、制度化、规范化等的能力，提高组织的系统化能力可以促进成员间显性知识的交流；合作能力是成员间相互协作、沟通的能力，提高组织的合作能力可以促进成员间的隐性知识的交流；社会化能力是组织对吸收的知识进行消化、转化为组织层面知识的能力。很显然，van den Bosch 等（1999）把系统化能力、合作能力和社会化能力看作是知识吸收能力的影响因素。

从吸收主体外部视角看影响知识吸收能力的因素主要包括知识的性质、组织在知识网络中的位置、合作互动程度及合作关系、组织社会资本、组织间信任、外部联系等。关于知识的性质与吸收能力的关系，首先是知识的类型，显性知识比隐性知识更容易获取，隐性知识更多的是“干中学”的知识，需要主体之间密切的联系和互动，知识的隐性化程度越高，组织之间的知识转移就越困难。其次是知识的复杂性，知识的复杂性程度越高，吸收主体在吸收过程中就要花费更多的时间和精力去分析知识产生的情境、理解知识的内涵，因此影响其吸收速度。关于合作关系对知识吸收能力的影响，Cohen 和 Levinthal（1990）认为产业环境状况对知识吸收能力有重要影响；Lane 和 Lubatkin（1998）认为应从合作双方的关系出发来理解知识吸收能力，一方面“教师企业”传递的知识内容会影响“学生企业”的知识吸收，另一方面“教师企业”的水平及双方的熟悉程度也会影响知识吸收能力。Dyer 和 Singh（1998）指出组织的知识吸收能力是建立在社会交互作用、合作方的合作过程及组织间的关系的基础上的。总之，达成一致的观点是：外部因素对知识吸收能力中的获取能力有显著作用，但若忽略所获取知识的内部消化和利用，知识则不会发挥实际的作用。

综合吸收主体内外部因素的文献也很丰富。王睢（2007）指出知识吸收能力是嵌入特定情境之中的，一旦脱离组织间的关系与合作，知识吸收能力就缩回到组织内部甚至消失，知识吸收能力是一种跨组织能力，并且合作网络的组织内外关系已成为重新认识吸收能力的根本出发点。肖志雄（2014）讨论了知识宽度距离和知识深度距离对知识吸收能力的影响，并以服务外包企业为例，运用结构方程模型进行了实证研究，结果表明：知识宽度距离与知识吸收能力呈正相关关系，知识深度距离与知识吸收能力呈负相关关系。李文元和张鑫（2015）以文献分析为基础，研究了中小企业吸收能力形成及其特征，分析了影响企业吸收能力的组织内部因素、组织间因素和环境因素，描述了企业吸收能力的形成过程，实证研究结论为：中小企业的知识获取能力相对最好，转化能力次之，应用能力较差，消化能力最弱，中小企业提升整体吸收能力的同时应当更加注重薄弱环节的投入。田红云等（2016）分析了中小企业创新网络嵌入性与知识吸收能力的关系，把网络嵌入性划分为结构嵌入性和关系嵌入性，并进一步将其划分为网络规模、网络中心性、网络关系强度和网络关系质量四个方面，实证研究结论为这四个方面对知识吸收能力均有正向影响。

二、知识吸收能力的后果研究

知识吸收能力的后果研究主要集中在创新绩效、研发产出、组织竞争优势、财务绩效、组织反应能力、组织绩效和战略联盟成功等方面。大部分学者的研究基本达成共识：知识吸收能力与组织绩效、创新绩效及战略联盟成功之间呈正相关关系，但是，知识吸收能力的各维度发挥的作用是不同的。崔志等（2007）通过实证研究发现，知识吸收能力对组织竞争优势有显著的直接影响，其中，知识利用能力与竞争优势存在直接的显著相关关系，知识获取能力、知识消化能力及知识整合能力等三个维度与企业优势不存在显著的直接相关关系。徐二明和张晗（2008）指出组织内部支持和外部支持影响着知识吸收能力，知识吸收能力的知识转化维度对组织绩效影响明显。阎海峰和程鹏（2009）指出以往知识吸收能力的研究忽略了组织因素、社会认知因素等对吸收能力不同维度的影响有什么不同，以及知识吸收能力的不同维度之间的作用机制及不同维度对后果因素的影响程度。罗顺均（2015）提出中国企业在其不同技术发展阶段，应选择与自身吸收能力相匹配的“引智”学习方式，并在两者互动中提升企业创新绩效，两者动态匹配机制为“识别与获取能力—问题导向学习；理解与消化能力—项目导向学习；转化和应用能力—内部前馈式学习”，并且企业“引智”学习能够明显提升企业知识吸收能力，而后者又会影响企业下阶段“引智”学习方式的选择；选择与企业吸收能力相匹配的“引智”学习方式，可显著提升企业创新绩效。

三、知识吸收能力发挥的调节或中介作用研究

回顾关于知识吸收能力在相关因素中的作用机制，可以帮助我们更深入地理解知识吸收能力与各要素之间的关系及其之间的相互作用方式。比较有影响力的

模型有两个：一是 Cohen 和 Levinthal（1990）提出的吸收能力模型，见图 3.1，其作为知识吸收能力的原始模型起到了奠基性的作用，该模型强调了知识源和先前的知识和经验影响知识吸收能力（包括识别评价、消化和应用三个环节），知识吸收能力影响创新绩效。该模型主要强调了组织从外部环境中吸收知识的能力。

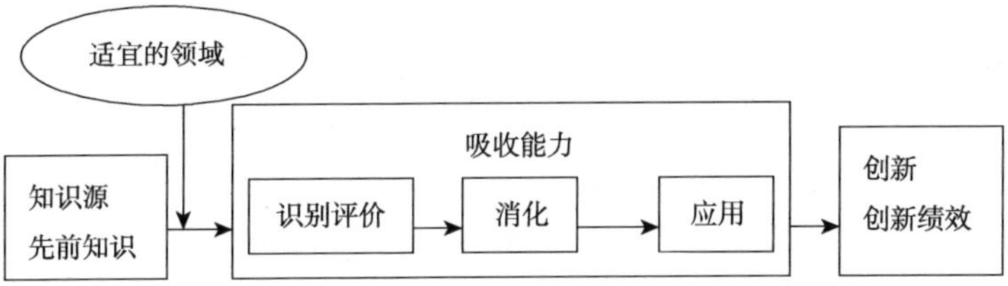

图 3.1　Cohen 和 Levinthal（1990）的吸收能力模型

另一有影响力的模型是 Zahra 和 George（2002）提出的知识吸收能力模型，见图 3.2，其认为有效的内部知识转化和整合是知识吸收能力的重要组成部分，获取知识后并不一定就能有效地应用知识，因此把吸收能力分为潜在吸收能力和现实吸收能力。潜在吸收能力包括获取和消化维度，获取维度反映组织识别、评价知识的能力；消化维度反映组织理解、解释、传播知识的能力。现实吸收能力包括转换和利用维度，转换维度反映的是组织对新老知识进行整合的能力；利用维度反映的是利用整合后的知识达到组织目的的能力。潜在吸收能力不能直接带来竞争优势，现实吸收能力是知识吸收能力的关键。在潜在吸收能力向现实吸收能力转移的过程中，社会整合机制发挥着调节作用，社会整合机制包括：系统化能力、合作能力和社会化能力。van den Bosch 等（1999）学者把系统化能力、合作能力和社会化能力当作知识吸收能力的影响因素。Zahra 和 George（2002）则把社会整合能力看作潜在吸收能力项和现实吸收能力的调节变量。

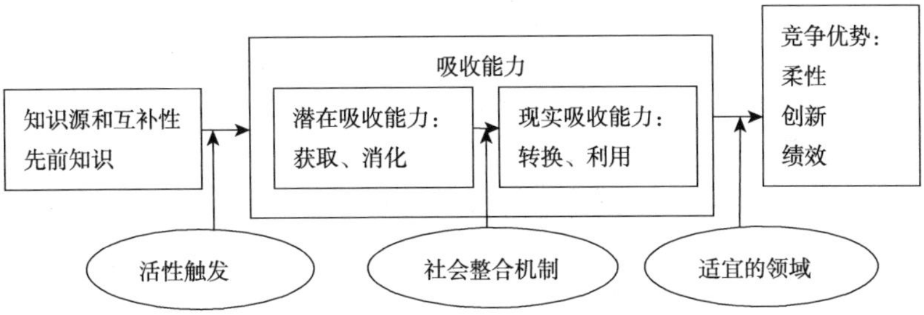

图 3.2　Zahra 和 George（2002）的知识吸收能力模型

目前，国内外的大多数研究基本是以这两个模型为基础分析知识吸收能力的作用机制。大部分学者的研究结论是知识吸收能力发挥中介及部分中介作用，也有少部分学者的研究结论是知识吸收能力发挥调节作用。

Tsai（2006）通过调查 212 家网上商店，实证研究得出知识吸收能力是社会资本和组织创新绩效的中介变量。徐二明和张晗（2008）通过对 200 家不同企业的问卷调查，明确了知识吸收能力的两大影响因素，即吸收动力与整合机制，以及其对知识吸收能力的影响，同时揭示了其对企业绩效的影响。邓颖翔和朱桂龙（2009）实证研究表明，知识吸收能力在内部创新资源及创新绩效间发挥完全中介作用。阎海峰等（2009）研究发现吸收能力在智力资本与组织创新之间起中介作用。雷宏振和刘海东（2013）分析了组织成员关系、知识吸收能力对知识整合的影响，将成员关系划分为工具性关系、义务性关系和情感性关系三个维度，并以知识吸收能力为中介变量，通过实证研究探讨了三种成员关系对知识整合的影响机制，实证研究发现，工具性关系对知识吸收能力和知识整合均没有显著正向影响；义务性关系对知识吸收能力有显著正向影响，知识吸收能力在义务性关系与知识整合之间起完全中介作用；情感性关系对知识吸收能力和知识整合均存在显著正向影响，知识吸收能力在情感性关系与知识整合之间起着部分中介作用。范群林（2016）基于文化科技融合的视角分析了外部知识、吸收能力与创新绩效，实证结果显示：吸收能力在外部知识与创新绩效中发挥了重要的中介作用，对于文化型企业，外部知识对创新绩效存在显著的直接影响，而此时吸收能力的调节作用就显得非常微弱。郭淑芬等（2017）研究了合作创新质量、知识吸收能力与企业创新绩效的关系，通过对太原高新区内 136 家科技型中小企业的实证研究发现：合作开放性与创新绩效呈倒“U”形关系，合作互惠性与持久性对创新绩效有显著正向影响；合作开放性、互惠性及持久性对企业知识吸收能力均有显著正向影响，且知识吸收能力通过部分中介效应影响着合作创新对创新绩效的效果。朱建民和王红燕（2017）探讨了在知识吸收能力的中介效应下企业社会资本对创新绩效的影响，实证研究结果表明，知识吸收能力与企业创新绩效呈正相关关系；企业社会资本的外部横向关系资本和纵向关系资本与创新绩效呈正相关关系；斜向关系资本与企业创新绩效的直接影响呈“U”形关系；在吸收能力与社会资本的交互作用下，横向与纵向社会资本和创新绩效的正相关性加强；斜向关系资本与创新绩效由“U”形关系转化为显著的正相关关系。戴勇等（2018）实证分析了集群网络结构、吸收能力及技术创新绩效三者间的关系和相互作用机制，结果表明：集群网络结构对吸收能力具有正向影响，网络规模、中心度和强度正向影响企业潜在吸收能力和现实吸收能力；潜在吸收能力和现实吸收能力显著促进技术创新绩效；集群网络结构显著促进技术创新绩效，但在集群网络结构的各项指标中，除网络规模外，网络中心度和网络强度并不直接影响创新，而是以吸收能力为中介变量间接影响创新绩效；在集群网络结构、吸收能力、技术创新绩效三者的关系中，潜在和现实吸收能力是发挥网络结构优势、提升创新绩效的关键因素。

同时，有些学者开始研究知识吸收能力的调节作用，包括知识吸收能力在技术机会与创新努力程度之间有明显的调节作用，以及其在跨国经营活动和公司绩效间起调节作用。张运华（2013）分析了校企联盟特性与企业创新绩效的关系，实证研究结论为：互惠性对联盟的稳定性及企业的知识吸收能力有显著影响，联盟的稳定性对知识吸收能力及创新绩效有显著影响，并且在知识吸收能力及创新绩效之间起着明显的正向调节作用。

综上所述，尽管知识吸收能力的研究历史不长，但成果丰硕，对于进一步推动深化和细化对知识吸收能力的认识起到了重要作用。但在以往的研究文献中存在着以下几种状况：第一，对知识吸收能力的前因和知识吸收能力概念本身不做区分。例如，用研发投入和原有的知识基础衡量知识吸收能力等。第二，对知识吸收能力的后果与知识吸收能力本身不做区分。例如，用开发新产品的数量、专利数量衡量知识吸收能力。第三，对知识吸收能力的作用机制研究还有待深入。究其原因在于对知识吸收能力的概念化处理有许多不同的方法。事实上，知识吸收能力是一种相对的吸收能力，应放在组织间和组织内的关系上重新认识，首先，组织间的合作是知识吸收能力发挥作用的前提；其次，组织内的知识的消化和转化及利用是知识吸收能力的关键。Zahra 和 George（2002）从过程视角提出了潜在的吸收能力与现实的吸收能力，前者是针对组织之间合作的知识吸收能力的表现，后者是针对组织内知识吸收能力的表现。因此，本书认为从过程视角分析知识吸收能力可以避免陷入概念本身、概念的前因和后果的误区。

第三节　团队知识吸收能力的相关研究

以往的研究或是关注个体层面的知识吸收能力，或是关注组织层面的知识吸收能力，团队作为个体与组织的“中介”应该作为我们关注的对象。但大多数的研究将不同的团队视为同质的，忽视了团队内外不同的资源对团队绩效的作用，类似于组织内外资源对组织的知识吸收能力发生作用一样，团队的内外资源会作用于团队知识吸收能力。通过对团队层面的知识管理文献进行整理发现，现有的大多数团队层面的知识管理研究集中在团队内部成员知识的分享、团队知识转移能力、团队知识集成能力和团队知识过程能力上，直接以团队知识吸收能力为研究对象的文献较少。知识转移能力更多的是站在知识输出的角度考察知识的运动过程，而知识吸收能力更多的是站在知识输入的角度进行考察分析，团队知识过程能力是团队从获取知识到利用知识过程中呈现的能力。虽然对团队知识管理的称谓不一，但研究内容有交叉之处，本书认为基于知识输入主体视角的知识转移能力等于知识吸收能力，二者都关注的是知识从团队外部如何获取及在团队内部如何被消化、转化和利用的过程，因此团队知识过程能力就是团队的知识吸收能力。

一、一般团队知识吸收能力研究

一般意义上的以团队为研究对象的知识管理文献包括：Eppler 和 Sukowski（2000）提出了团队的知识管理模型，该模型由五层组成，第一层描述了一个团队要拥有进行沟通的平台；第二层即规范层，它由各种团队规则、目标和标准组成；第三层代表的是核心团队知识的管理过程；第四层是知识管理的工具；第五层描述了必要的领导职能，以促进有效的团队知识管理。张可军等（2009）指出团队环境和组合能力是影响团队知识运作过程的两个因素，团队环境对贡献知识，组合能力对组合知识分别起关键作用，当团队环境和组合能力和谐搭配时，团队知识整合才能成功。范建民等（2009）提出团队知识能力集成的概念，即知识能力集成是知识集成和能力集成的有机结合，能力集成比知识集成更为关键，文章在提出知识能力集成概念的基础上，借助数学模型和数理推理来揭示知识能力集成的机理。纪慧生和陆强（2010）指出团队的研发能力是一种知识吸收能力，研发能力是一种基于知识网络的能力，网络是网络主体在传递资源活动时建立的关系综合，是形成团队研发能力的重要来源，提出了基于知识网络的团队研发能力增长模式，其中，知识补充型研发能力增长模式需建立广泛的外部知识网络；知识创新型研发能力增长模式立足于团队的内部知识，通过对内部知识的挖掘和创新满足研发需要，实现研发能力增长；知识融合型研发能力增长模式需要将团队外知识和团队内知识做一个有效的融合，要求团队有较强的学习能力，团队采用知识融合型研发能力增长模式效果最好。周霞等（2015）基于一个整合的视角，通过理论分析和实证研究，探讨在团队知识吸收能力的中介作用下，团队社会资本对团队创新绩效的影响，研究结果发现：团队社会资本显著正向影响团队创新绩效，团队知识吸收能力在团队社会资本与团队创新绩效间具有部分中介效应。上述研究中大部分都是规范研究，并且没有指明具体的团队类型。

二、高校科研团队知识吸收能力研究

以高校科研团队为研究对象的知识管理主要有以下文献。刘辉琴（2009）指出知识转移主体、转移情境、转移通道、知识性质四个变量影响着知识转移绩效。杨斌等（2011）构建了高校科研团队知识创新能力提升模型，知识创新能力取决于知识传递效率，传递主体、传递情景和传递渠道影响知识传递效率，然后进行了实证检验。李雪芹等（2010）分析了团队信任（组织信任、认知信任和情感信任）对团队知识共享（共享意愿、知识贡献和共享效果）的影响，组织信任对共享意愿有显著影响，对知识贡献和共享效果影响不显著，认知信任和情感信任对团队知识共享的三维度都具有显著影响。王海梁（2010）则以组织承诺、组织公民行为及工作满意度这三个变量对团队知识共享的影响进行了分析。刘春艳和马海群（2018）借鉴复杂性科学和输入–过程–输出（input-process-output，I-P-O）模型的基本思想，构建产学研协同创新团队知识转移影响机理的假设模型，基于实证研究结果，从产学研协同创新团队、产学研参与组织、政府相关部门各个层面系统提出提高产学研协同创新团队知识转移效能的建议，研究结果表明：转移意愿、输出能力、渠道丰富性、信任水平、制度协同对沟通质量有显著的正向影响，知识模糊性对沟通质量有显著的负向影响；学习能力、先验知识、渠道丰富性、信任水平、制度协同、政府政策对创新支持有显著的正向影响；沟通质量、创新支持对知识分享程度、知识吸收能力均产生显著的正向影响。居佳等（2018）在《基于文化演化视角的项目团队内知识转移仿真研究》中将文化情境、转移双方的知识特征及个体意向纳入知识转移的综合分析框架中，构建了项目团队知识转移的系统动力学模型并进行了仿真分析，结果显示，模型能较好地拟合项目团队知识转移的实际情况，揭示了团队文化—项目成员—知识转移—团队文化的循环作用机理，为项目团队知识创新能力的增强提供了有效的指导建议。

总之，以往研究已解决的问题为探讨了知识吸收能力的前因和后果因素。知识吸收能力是组织的重要无形资产。从吸收主体内部视角看组织内社会资本是影响知识吸收能力的因素，从吸收主体外部视角看影响知识吸收能力的因素主要包括知识的性质、组织在知识网络中的位置及合作互动程度和合作关系、组织间信任、外部联系。关于知识吸收能力的后果研究，大部分学者基本达成共识：知识吸收能力与组织绩效、创新绩效及战略联盟成功之间呈正相关关系，但是知识吸收能力的各维度发挥的作用是不同的。

目前将团队知识吸收能力作为研究对象的文章多是规范研究，或只是提出概念模型，或是针对问题提出了问题的解决对策。概念模型需要去验证，现象需要去解释，所以团队知识吸收能力研究领域还有许多问题需要我们深入研究。站在知识吸收主体视角，从团队内、外部两个方面分析团队知识吸收能力的研究还较少。研究文献大都以企业研发团队为例分析团队的知识运作过程，以高校科研团队为分析对象的团队知识吸收能力的研究尤其是实证研究方面的研究还不丰富。科研团队的活动过程是一种基于知识的活动过程，分析其知识活动过程，解释其知识吸收能力形成的根源及对团队绩效的作用机理，可以帮助我们全面认识影响高校科研团队知识吸收能力的主要因素，认清团队内外知识的有效融合及转化和利用过程。

第四章　团队绩效的内涵及测量工具

第一节　科研团队的界定及团队绩效内涵

一、团队及科研团队的界定

团队是介于组织和个体之间的一种组织形式，由于研究视角不同，学者给出了各种定义和解释，有多种术语描述团队工作的人群，包括工作小组、项目组、实践社区等，也有多种术语描述参与团队工作的方式，包括自我管理、自我指导、密切合作、相互支持、共享目标等。综合对团队的各种解释，本书认为团队的基本特征为：第一，团队有共同的目标；第二，由两个或两个以上为数不多的成员组成；第三，团队成员在工作中通过协调配合才能更好地实现团队目标；第四，团队内部规范和文化影响成员的行动；第五，团队是嵌入在组织或更大的一个社会系统中的实体。团队具有的重要特性：成员间相互依赖、责任共担、协调合作。

很多人把工作群体视为团队，他们之间有联系但又不完全相同，团队具备工作群体所具有的部分特征，但工作群体不具备团队具有的某些特征，工作群体的绩效是个体绩效的加总，是一加一所产生的效果，而团队绩效的达成需要团队成员综合各种知识和技能，相互协作，团队绩效大于一加一所产生的效果。团队与群体的比较见表 4.1。

表 4.1　团队与群体的比较

要素	团队	群体
目标	共同目标	个人目标为主
活动方式	强调协作	强调分工
结果	团队绩效	以个体绩效为主
成员责任	承担个人和集体责任	只承担个人责任

在科学研究中利用团队这种组织形式就形成了科研团队，科研团队是由知识去创造知识、应用知识的团队，是一种典型知识型团队，是面向科研项目而组建的团队，是以科学技术研究为工作内容、由若干有意愿为共同的科研目标和科研工作承担相应角色的科研人员组成的团队。科研团队是由知识工作者组成的团队，科研团队可以有效地利用团队内外知识提出解决问题的新方案或形成新知识。国内学者汪轶（2008）提出根据团队性质，将团队区分为企业科研团队和高校科研团队。本书关注高校科研团队。张树娟和胡琪波（2010）指出高校科研团队是以科学技术研究与开发为工作内容，由为数不多的技能互补、愿意为共同的科研目标而相互承担责任的高校科研人员组成的群体，是一种以科研梯队、学术研究中心、课题组等为代表的科研组织形态。本书认为科研团队是由两个以上的成员围绕共同的研究领域或相关课题而连接起来，为共同的目标相互沟通、协作的一个正式群体。高校科研团队是指一定时期内以创新为工作主线、成员有较强的创新思维和创新能力、对外部信息有较强的洞察力和理解力、以科研为主要工作任务且注重原创性成果和成果的推广及利用、有共同的目标、研究方向稳定且明确的科研群体，一般团队成员为 3~20 人左右，有团队核心成员。高校科研团队作为知识创新的主要载体，本书认为，分析并厘清影响其团队绩效的因素及这些影响因素之间的关系有重要意义。

二、团队绩效的内涵

对于团队绩效内涵的界定综合起来有两种观点，一种观点认为绩效是结果，是工作取得的成果，表现为工作业绩，侧重“做到了什么”，关注“做正确的事”，突出了结果导向，这种观点被概括为绩效的结果论，认为绩效是工作结果，因为这些与组织战略目标、顾客满意度和所投资金关系最为密切。但是绩效的实现受多种因素的影响，有时成员的行为并不是一定产生预期的结果，机会、机遇等因素也会影响结果，所以另一种观点认为绩效是行为过程，是与其工作的组织或组织单元的目标有关的一组行为，包括正确的做事方式、方法，其基本思路是：行为最终必然导致结果，只要控制了行为就能够控制结果，侧重“如何做”，关注“正确地做事”，突出了过程导向，这种观点被概括为绩效的行为论。绩效的二维模型将绩效分为任务绩效和关系绩效，任务绩效是职务说明书中所规定的行为或与特定工作有关的活动，关系绩效是指组织自发的行为或超职责行为，是一种与组织的公民性、献身组织精神或与特定工作要求有关的行为。综合上述两种观点，绩效是工作的"绩"（即工作的结果）及"效"（实现这一结果的效率水平）的复合体，其本身是一种客观存在，这种客观存在经评价者依据设计好的指标体系进行评价，形成绩效。本书既关注团队工作结果同时关注团队工作行为过程，把团队绩效界定为：围绕共同的目标而展现在团队层面的有效输出，是指经过评价了的工作行为和结果。

第二节　团队绩效的测量工具

绩效测量是团队管理工作的重要一环，科学合理公正的绩效测量可以真实反映团队运行状况及目标达成状况，便于团队管理者发现问题、解决问题，促进团队高效运行。团队绩效的测量分为两个层面，一是把团队看成一个整体测量其绩效；二是测量每个团队成员的绩效。本书关注把团队作为一个整体测量其绩效。

常用的绩效测量工具包括：目标管理、标杆管理、关键绩效指标及平衡计分卡。高校科研团队作为一种典型的知识型团队，也使用下列工具对团队绩效进行测量。

一、目标管理

目标管理是管理学家彼得·德鲁克在20世纪50年代提出的一种优秀绩效管理模式，同时可作为一种绩效测量工具，其基本思路是以预先确定的团队绩效目标的实现程度来反映团队绩效。其实施程序是：第一，设定绩效目标。绩效目标是由绩效目标责任方与其主管方共同协商确定的，包括目标名称和目标数值、目标的测量方法、目标权重、目标完成的时间等形成目标管理卡。一旦目标确定后就成为一定时期衡量绩效完成情况的主要依据，并视目标完成情况进行奖惩。第二，监控目标实施过程。在确定绩效目标后要实时监控目标的实现状况，记录下在目标实施过程中遇到的问题，并给予必要的资源支持和指导。第三，考核目标实现状况。当一个绩效期间结束后，要对团队的绩效实现情况进行考核，若在目标管理的第一阶段，目标名称具体化、目标数值数量化、目标权重清晰化，该阶段的工作就比较简单，直接对照绩效目标来衡量就可以了，若第一阶段目标设定不具体、明确，本阶段的考核就很难展开。第四，根据考核结果奖惩，并制定下一轮次的绩效目标。目标管理作为一种优秀的绩效管理模式得到了广泛的认可，该模式强调民主管理、自我管理、参与管理，具体体现在目标的制定和实施过程中。作为一种考核工具，其强调结果导向，以目标的实现程度作为衡量绩效的依据。作为一种绩效测量工具，其在实施过程中常面临三方面的问题：一是很多目标难以定量化、具体化；二是目标管理是以Y理论为基础的，而现实生活中目标管理要求的承诺、自觉、自治的氛围难以形成；三是目标管理只适用于短期绩效测量，一般最长是年度。

二、标杆管理

标杆管理是国外20世纪80年代发展起来的一种新型的绩效测量和管理工具，最早应用的是美国施乐公司，这种方法也可以从企业层面移植到团队层面来设定和测量团队绩效。标杆管理又称标杆超越，就是不断寻找业内一流的、有名望的公司或团队作为标杆，将本公司或团队各方面的实际运行情况与这些标杆进行定量化测量和比较，不断制定赶超措施的管理模式，具体实施环节包括立标、对标、达标、创标四个环节。以标杆超越法为团队设计绩效测量指标是一种外向型管理模式，它是以领先者的业绩标准为参考设定测量标准，包括“标杆”和“超越”两个阶段，“标杆”阶段是寻找标杆，“谁”是这方面做得最“好”的，“好”在哪些方面，“好”的体现是什么，自己在这些方面做得如何，做到“知己知彼”。“超越”阶段就是确定支撑本组织和团队持续发展的关键绩效指标有哪些，并确定实现这些指标的方法。标杆管理方法作为一种有效的管理方法，在绩效比较和测量方面可以做到以事实为基础，以业内领先者为目标的系统比较，建立以绩效改善为重心的绩效测量标准，更加关注行业内最优团队的实践，有效地激发团队和团队成员的潜能。

三、关键绩效指标

关键绩效指标作为一种绩效测量工具是在20世纪80年代发展起来的，关键绩效指标作为反映团队绩效水平的指针是通过确定关键绩效领域、关键绩效要素、关键绩效指标三个步骤来完成的。第一步：确定关键绩效领域。利用访谈法和头脑风暴法请相关的专家回答三个问题：团队过去成功靠的是什么？过去使团队成功的因素中哪些能使团队继续成功，哪些成为团队成功的障碍？团队未来成功的关键因素有哪些？对这三个问题的答案进行梳理和整合确定关键绩效领域。第二步：确定关键绩效领域的关键绩效要素。关键绩效要素是对关键绩效领域的解析和细化，利用访谈法和头脑风暴法请相关专家明确三个问题：每个关键领域包含的内容有哪些？如何保证在该领域成功？实现该领域成功的关键措施和手段有哪些？对这三个问题的答案进行归纳整理确定关键绩效要素。第三步：针对各关键绩效要素提取关键绩效指标。对关键绩效要素进一步细化，从数量、质量、时间、成本和客户满意度五个方面提取关键绩效指标，经过筛选最后确定关键绩效指标，用这一套关键绩效指标体系来测量团队绩效。

四、平衡计分卡

20 世纪 90 年代由卡普兰和诺顿提出的平衡计分卡不仅可用于企业、部门和个人绩效的考核，同样适用于团队绩效的考核。付亚和和许玉林（2003）指出：基于平衡计分卡的四个层面也可以建立团队的平衡计分卡，见图 4.1。第一维度是从上级角度设计的团队共同目标，即该团队在特定时期内要达到的预期成果。第二维度是团队以什么样的流程展开工作，从流程协作、流程优化和项目管理三个子维度设计考核指标。第三维度是职责角度，即团队的工作职责、工作标准的确定。第四维度是培训学习，从技能提高、学习培训和技能互补三个维度来设计考核指标体系。围绕团队发展，从上述四个层面设定绩效评价子维度，再细化、量化、具体化为绩效考核指标。

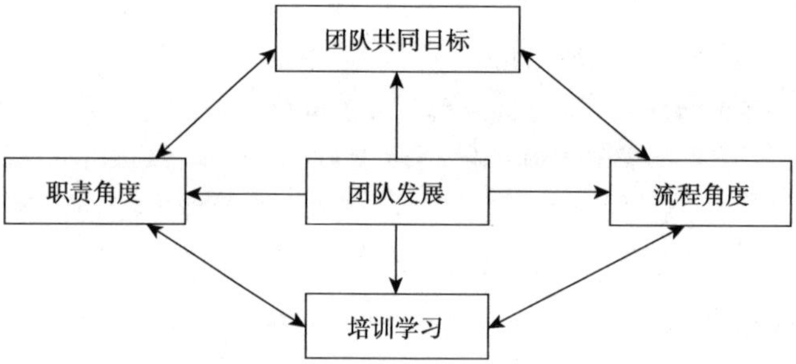

图 4.1　团队平衡计分卡

资料来源：付亚和和许玉林（2003）

第五章　理论基础与研究设计

第一节　理论基础和概念模型

一、理论基础

理论可以帮助细化和系统化研究思路，可以解释事物之间的关联关系。理论的基本要素是构念，而命题是解释构念之间关系的；具有一个以上不同的子范畴、不同的属性及不同取值的构念是变量，对变量之间关系的一种尝试性解释或者可用事实检验的命题是假设，通过测量工具可以对变量进行测量，收集数据，用统计方法来研究变量和假设，以支持或否定命题。因此，理论是描述不同变量及其不同属性之间存在的逻辑关系。

本书构架的整体思路来源于社会学习理论，心理学家阿尔伯特·班杜拉（Albert Bandura）于1977年提出了社会学习理论，认为应从社会情境、认知、行为的交互作用关系中考虑人的认知发展和行为表现，社会情境是影响人的认知和行为的关键要素，班杜拉认为要在社会情境中研究行为，社会情境就是在个体成长过程中形成的一种交往网络和交往关系，个体在这种交往网络和交往关系中进行观察学习和模仿学习，而不应仅仅局限于用物理方法或在实验室里研究个体的行为。由此可以得出，每个组织成员都是生活在一定的社会情境中，社会情境影响着个体的认知和行为，影响个体能力的形成和培养，所以只有在社会视角下研究个体的学习，才能有效还原真实的客观事物的运行状态。

嵌入性理论是新经济社会学中的一个核心理论，经济活动是嵌入在经济和非经济制度中的，考虑非经济制度是极其重要的。随着对嵌入性概念的深入研究，把组织当作独立于社会关系之外的个体进行分析是不合适的，组织所处的社会关系对组织行为会产生影响和制约。组织不是以单一原子状况存在的，组织与组织通过各种关系形成网络。网络运行有两个关键要素：一是关系要素；二是结构要素。关系要素是指个体与个体、组织与组织间的交流和互动形成的一种纽带联结；结构要素则侧重于网络中成员联系的松散或紧密程度及在成员网络中的位置。这些要素影响着网络成员的资源可获得性，结构良好的网络是组织在复杂的环境下获取信息和知识的重要途径，组织和个体所嵌入的网络及网络带来的价值受到学术界的广泛关注。

学习型组织理论最重要的理论来源是克里斯·阿吉里斯（Chris Argyris）提出的组织学习理论，后来经美国麻省理工学院教授彼得·圣吉（Peter Senge）等的发展，提出了以“五项修炼”为核心的学习型组织理论，从组织视角提出了在知识经济时代，组织的学习能力是保持竞争优势的基础，组织要通过“系统思考”“自我超越”“心智模式”“共同愿景”“团队学习”来提高组织的学习能力。学习型组织就是要最大化组织学习。学习是个体成长的关键要素，同样是组织保持竞争优势的关键所在。组织学习的关键点是提高组织的学习能力，而组织的学习能力体现在组织对组织内外知识的吸收、传播和应用等过程中，通过这种过程，组织的学习能力会大大提升。

在上述理论研究的基础上，本书试图整合三种理论，共同解释团队社会资本、知识吸收能力对团队绩效的影响。通过对三种理论的分析发现他们关注的问题虽然各有侧重，但相容且互相补充。社会学习理论有助于从社会情境视角来分析认知和行为及它们之间的交互作用对个体成长的影响，但该理论关注对个体的分析，因此这种理论并不能全面地解释组织认知和行为，在这一点上嵌入型理论和学习型组织理论对本书研究的贡献意义重大，每个组织都不是孤立存在的，都嵌入在特定的网络中，组织内外的网络结构和网络关系构成了组织的社会情境，所以我们需要转变研究的视角，从组织网络方面重新审视组织价值的创造，组织不仅要关注自身的资源优势，而且要提升对社会情境的管理和利用能力，这种能力对组织的成长与发展至关重要。团队作为组织的基本单元，是一种重要和常见的组织形式，是组织的缩影，也在一定的网络中生存和发展，其知识吸收能力的形成在很大程度上依赖于有效地利用其所处的网络状况。一个团队就像一个生物体一样，是环境选择的产物，只有具备和内外环境相匹配的能力，才能存续和发展。本书以团队社会情境—过程视角的知识吸收能力—团队绩效为研究主线，其中，团队社会情境是指与组织、团队和个体直接相连并有可能为其所用的一种客观资源状态。社会情境与社会环境是有一定的区别的，社会环境是一种宏观视角的客观资源状况，而社会情境更加强调与组织、团队和个体直接相连并有可能为其所用的一种客观资源状态。所以本书中以团队社会资本界定为要研究的团队社会情境，是团队成员所能直接利用的内外环境资源。过程视角的知识吸收能力着眼于团队在知识的处理过程中呈现的能力。作者认为理论的有机结合不但可以更清楚地解释社会资本和知识吸收能力对团队绩效的影响，同时是对三种理论的丰富和完善。

二、概念模型

根据前面的文献分析，我们得出了这样的结论：团队内部和团队外部的社会资本都是可供团队利用和开发的资源，同时可以理解为一种社会情境，从团队内部看表现为成员联系程度、互动强度、团队内成员间的相互信任、团队成员共同的价值观、共有的发展愿景，从团队外部看表现为其对外交流的频率、互动程度等，社会资本为团队绩效水平的提高提供了一种环境资源。高校科研团队是创造知识并有效应用知识的重要载体，其典型的特征是用知识去生产知识、应用知识，过程视角的团队知识获取、转移和应用能力影响着科研团队的绩效水平。因此，本书的研究关注团队内、外的社会资本、知识吸收能力和团队绩效三者之间的关系，以社会学习理论为基础，以嵌入性理论和学习型组织理论为借鉴，沿着环境、能力、结果的研究思路，形成了本书的概念模型，见图 5.1，该模型涉及三个核心变量：团队社会资本、知识吸收能力和团队绩效。

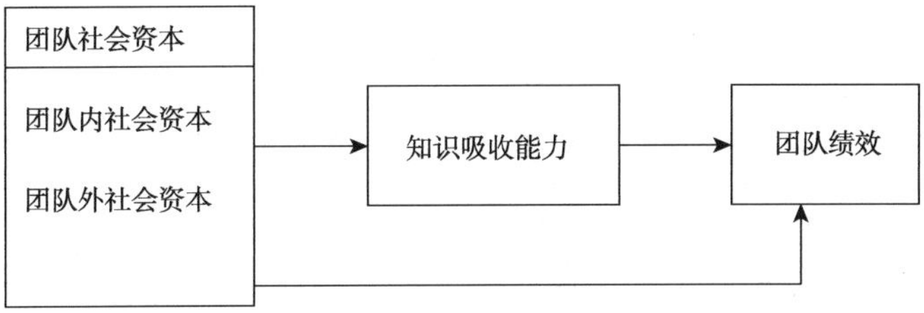

图 5.1　概念模型

第二节　变量的研究维度

为了便于探讨现象之间的关系，研究学者从变量之间的相互影响及相互关系来分析事物之间存在的因果关系。变量的定义必须满足两方面的要求，一是该变量是能测量的，换句话说就是能给出各维度的操作性定义；二是变量必须是综合化的，是合并了同类题项的维度。依据此原则，本部分对概念模型中的三个变量分别进行解构。

一、团队社会资本的研究维度

国内外的学者由于研究视角和研究目的不同，对团队社会资本解构的结果也不相同，达成共识的一点是：团队社会资本不是单一维度变量，并且很难测量。具有代表性的团队社会资本维度基本采用的是三种方式。

第一种关注团队内社会资本的衡量， Chen 等（2008）指出团队内社会资本由四个因素构成：社会相互作用、网络连接、相互信任和共享目标。柯江林（2010）以研发团队为例关注了团队内社会资本，在传统的结构、关系和认知三维度下面开发出了测量团队社会资本的六个构面：互动强度、网络密度子维度；同事信任、主管信任子维度；共同语言、共同愿景子维度。郭彦（2011）把高校科研团队内社会资本解构为结构、关系和认知三个维度。

第二种关注团队外社会资本，Chang 等（2011）把团队外社会资本划分为垂直联系、水平联系和市场联系。何大军（2008）指出高层团队的社会资本划分为政治网络（political networks）、经营网络（business networks）及校友网络（alumni networks）。李金蹊（2011）测量团队外部社会资本的四个维度分别是：团队内外互动强度、团队外部社会网络密度、团队内外特殊信任程度与团队内外共同语言。师嘉林（2016）指出高管团队社会资本包含高管团队政治社会资本、高管团队校园社会资本、高管团队荣誉社会资本、高管团队公共社会资本四个维度。章斐（2017）把高管团队社会资本分为政治、学术、金融和海外四个维度。

第三种方式是把团队社会资本分为团队内社会资本与团队外社会资本， Oh 等（2006）把团队社会资本界定为团队社会资本通道和团队社会资本资源。刘兵等（2013）将高管团队社会资本分为内部社会资本和外部社会资本，将内部社会资本划分为结构、关系和认知三个维度；将外部社会资本划分为网络结构和网络嵌入度两个维度。牟琪（2014）将高管团队社会资本划分为高管团队政府社会资本、高管团队市场社会资本、高管团队金融社会资本、高管团队技术社会资本和高管团队内部社会资本。谢雅萍和张金连（2014）认为创业团队社会资本包括内部社会资本和外部社会资本两部分，内部社会资本从内部沟通、异质性、成员信任、关系强度、共同目标五个维度衡量，外部社会资本则从其与政府部门、投资机构和投资者、咨询机构、供应商、客户、竞争者等利益相关者的关系质量上体现。Hsu（2015）把社会资本划分为社会资本利益（社会互动、信任、共同愿景）和社会资本风险（阻力、规范的压力）两个维度。Wu 和 Lee（2016）分析了团队社会资本如何在团队层面上促进知识共享，将团队社会资本分为结构和资源两个维度。Han（2018）根据团队的结构特征和功能，指出团队社会资本可分为团队合作和团队搭桥两种类型。

综上所述，对于团队内社会资本的界定引用率较高的就是 Nahapiet 和 Ghoshal（1998）在 *Social capital, intellectual, and the organizational advantage*（《社会资本、智力资本与组织优势》）一文中以三个平行维度对社会资本进行了概念化操作，即结构维度（structural dimension）、关系维度（relational dimension）和认知维度（cognitive dimension）。其中，结构维度与关系维度的概念是继承格兰诺维特的结构性和关系性嵌入的思想，结构维度定义为网络成员间的所有非人格方面，是指内部网络的整体模式，分析的重点在网络联系、整体结构、网络密度、中心性等非人格化因素。Granovetter（1992）把结构维度称为结构性镶嵌（structural embeddedness）。关系维度是指成员在长期交往过程中培养的人际关系，关系维度包括了信任、规范、责任与认定，侧重于社会关系的人格化方面，格兰诺维特称之为关系性镶嵌（relational embeddedness）。社会资本认知维度指成员共有、共享的认知资源，包括公共的知识背景、共同的语言平台、共享的道德规范、共享的远景和使命、共享的目标和文化等。不少学者以此三个维度为基础进行了深入研究，但后续实证研究者使用的具体的测量团队内社会资本的工具差异较大。

结构维度：Nahapiet 和 Ghoshal（1998）认为社会资本的结构维度主要指网络成员直接的非人格联结方式，即你认识谁，你如何认识他们，用网络联系、整体结构、网络密度三个维度来衡量；Tsai 和 Ghoshal（1998）通过社会互动联系来测量社会资本的结构维度；Hsu（2015）对结构维度的测量采用了社会性互动联系；柯江林等（2007）在结构维度上用网络密度（一段时间内成员之间的普遍接触程度）和互动强度（一段时间内成员的互动频率）两个维度来衡量；陈璐等（2009）在研发型团队的研究中，分别以"非正式化沟通程度"和"网络密度"两个指标来衡量高管团队的结构面社会资本，其中，非正式化沟通程度是指团队成员对非正式化互动的偏好程度，即成员之间在某个时间段内以非正式的方式进行沟通的数量，网络密度是指某个时间水平上高管团队成员之间的普遍接触程度，反映了团队内部咨询网络、友谊网络和沟通网络的集中程度。综上所述，本书认同柯江林等（2007）在结构维度上的研究成果，他把团队中的正式组织结构和非正式组织结构都考虑进去，从静态和动态两个视角来分析，静态视角是团队内部成员之间的联系程度，动态视角是在联系基础上的互动强度。

关系维度：对于社会资本的关系维度，国内外多数学者的研究聚焦在信任问题上，甚至有的学者直接将社会资本等同于信任，信任包括人际信任、义务规范和互惠规范，人际信任决定了资源的可得，义务规范保证了资源的来源，互惠规范保证了资源的流动。王三义等（2007b）用真诚合作、诚实守信、互惠互利、善意型信任、能力信任来反映关系维度；韩子天等（2008）认为关系维度的社会资本包括信任与可信度、规范与惩罚、义务与期望及可辨识的身份；罗家德等（2007）认为规范和认同都可视为信任产生的前因。综上所述，大多数学者的研究基本围绕 Nahapiet 和 Ghoshal（1998）的社会资本关系维度中列出的信任、规范和认同等。基于上述分析把团队社会资本关系维度界定为内部成员在长期交往过程中培养的人际关系，包括信任、规范、责任等，侧重于社会关系的人格化方面。

认知维度：根据 Nahapiet 和 Ghoshal（1998）的三维度分类，认知维度关注的认知范式包括共有的价值观、共有的目标和共有的语言等；Tsai 和 Ghoshal（1998）通过共同愿景来测量社会资本的认知维度；Hsu（2015）在分析社会资本在虚拟社区成员的知识分享过程中,采用共同语言和共同愿景来反映认知维度;柯江林等(2007)用共同愿景和共同语言两个子维度来衡量认知维度社会资本。综上,大部分学者的研究都基本沿用 Nahapiet 和 Ghoshal(1998)关于认知维度的界定,用共同愿景和共同语言两个子维度来衡量社会资本的认知维度。

对于团队外社会资本的研究,一是按照传统的结构、关系、认知三维度进行划分;二是用“联系”来衡量。Oh 等(2006)把外部社会资本看作一种联系,包括垂直联系和水平联系两个维度,将垂直联系界定为与团队发生联系的上下游链条的单位建立的联系,包括与政府主管部门、企业、顾客等建立的联系;水平联系指和同类型的科研机构建立的联系。潘喆(2010)用横向联系、纵向联系、社会联系三个维度来测量团队外社会资本。Chang 等(2011)用水平联系、垂直联系和市场联系三个维度来测量团队外社会资本。

高校科研团队是以知识去创造知识的载体,科研团队内部成员的互动、相互的信任及共同的发展目标影响其对知识的开发和利用,但只局限于内部视角远远不能满足团队的发展。团队成员需要走出去,加强与合作伙伴、同行业研究者的沟通和交流,相互交换知识和思想,保证能站在该领域的前沿,所以我们也关注团队通过何种机制有效利用外部资源,如果科研团队的外部联系很少或是就少数的几个联系对象,则该团队会绝缘于外部的信息和知识,这种与环境绝缘的团队得到更多的是同质化的知识和信息,会大大降低团队知识更新换代的速度。因此,本书按团队社会资本的来源界定社会资本为:团队内社会资本与团队外社会资本。团队内社会资本按照 Nahapiet 和 Ghoshal(1998)的三个平行维度对社会资本进行概念化操作,即结构维度、关系维度和认知维度。团队外社会资本解构为“联系”和“互动”两个维度,见表 5.1。

表 5.1　本书定义的团队社会资本维度

维度	子维度	内涵	相关研究
团队内社会资本	结构	团队内部成员间的所有非人格方面,主要表现为联系、整体结构、成员的互动程度等非人格化因素	Nahapiet 和 Ghoshal(1988) 柯江林等(2007)
	关系	团队内部成员在长期交往过程中培养的人际关系,包括信任、规范、责任等,侧重于社会关系的人格化方面	Nahapiet 和 Ghoshal(1998) 柯江林等(2007)
	认知	能够为团队内成员提供共享的意义和可理解的资源,包括公共的知识背景、共同的语言平台、共享的道德规范、共享的远景和使命、共享的目标和文化等	Nahapiet 和 Ghoshal(1998) 柯江林等(2007)
团队外社会资本	联系	指与团队外静态的垂直联系、水平联系	Adler 和 Kwon(2002)
	互动	指与团队外动态联系的方式和程度	Adler 和 Kwon(2002)

二、知识吸收能力的研究维度

国内外各学者都认为知识吸收能力是一个多维变量。归纳起来主要有以下三种解构方式。

一是把知识吸收能力看成是组织学习系统中的要素进行解构。Lane 等（2006）基于组织学习理论，把知识吸收能力划分为探索式学习、转换式学习和开发式学习。陈元义和陈国嘉（2006）系统分析了组织知识能力对组织效能的影响，认为组织知识能力包括知识基础能力和知识程序能力，知识基础能力包括信息管理技术、组织结构及文化能力；知识程序能力建立在知识基础能力之上，是对知识进行分类、转换、共享等使知识由个体扩大到组织层次的能力。付二晴和蔡建峰（2006）指出从能力视角评价知识管理，除了要评价知识管理各环节的执行效果，还要对多知识管理的工具和环境进行全面评价，提出了从五个方面评估组织知识能力，包括获取知识能力、知识交流和创新能力、应用知识的能力、知识管理的基础设施建设能力、鼓励知识分享的文化融合能力，从这五个方面分别设定评价指标。范建民等（2009）从系统学角度提出了团队知识能力集成，知识能力集成是团队知识集成和成员能力集成的有机结合，是二者的交集，并深入分析了团队知识能力集成的运作机制。宁烨和樊治平（2010）认为知识能力包括基础资源能力、知识运作能力和知识机制三个核心要素，基础资源能力是指组织所拥有的基础资源，包括知识资源、结构资本、沟通能力、组织文化等，这些基础资源的好坏决定了知识能力的基础是否坚实及知识能力的成长是否有后劲，它是知识能力的基础；知识运作能力是指组织对上述知识资源进行计划、组织协调和控制的能力，包括知识吸收能力、知识共享能力、知识重建能力、知识创新和保护能力，是组织知识能力发挥作用的过程，也是知识能力的核心体现；知识机制是指基础资源能力和知识运作能力之间的匹配机制及其与外界环境之间的互动学习机制。周瑾和闫晓军（2010）认为知识能力是组织在把知识和其他资源协调运用的过程中体现的能力，并用信息技术（information technology，IT）基础、组织文化、知识分类、知识获取、知识转化、知识应用、知识保护等 7 个变量对知识能力进行测量。上述研究有一个共同的特征就是把知识吸收能力的影响因素或知识吸收能力的基础都纳入了知识吸收能力的维度之中，这些因素固然是影响知识吸收能力的要素，但不是其构成成分，因此按照本书研究思路，这种划分方式把知识吸收能力维度扩大化了。

二是从知识识别及转移的角度来解构知识吸收能力。Nonaka 和 Takeuchi 在 1995 年出版的 *The Knowledge-Creating Company* 一书中提出的 SECI（socialization externalization combination internalization）模型解释了知识创造过程的四维度：社会化（socialization），这是一种个体分享隐性知识的过程，即隐性知识→隐性知识的过程；外部化（externalization），这是一种表达隐性知识，并将隐性知识转译为可理解和可记忆的概念化知识形式的过程，即隐性知识→显性知识；结合（combination），这是一种将显性的知识加以系统化，转化为更为复杂的知识体系的过程，即显性知识→显性知识；内在化（internalization），这是一种将新知识（显性知识）转化为组织的隐性知识的过程，即显性知识→隐性知识。该螺旋过程使组织的显性知识和隐性知识不断转换和重组，实现知识高度良性互动。Cohen 和 Levinthal（1990）基于社会认知理论，将知识吸收能力划分为价值识别、知识消化和知识应用。Gilbert 和 Cordey-Hayes（1996）将知识转移过程分为获取阶段、沟通阶段、应用阶段、接受阶段及同化阶段，获取阶段是从组织外部寻找或在内部创造知识；沟通阶段是对获取的知识进行有效转移；应用阶段是利用知识解决组织问题；接受阶段是知识得到组织成员的广泛接受和认同；同化阶段是知识成为组织的规则和惯例。知识的转移考虑两个主体，一是知识的提供方，二是知识的接收方，知识转移视角的知识吸收能力解构把知识吸收能力的研究范围聚焦到两个主体进行分析。

三是从知识吸收的过程解构知识吸收能力，是以知识接受方为主体来看待知识运作过程的，知识吸收能力发挥作用是一个过程，体现为对知识这类特殊的资源进行有效的整合。Cohen 和 Levinthal（1990）指出知识吸收能力包括三个维度——辨识知识、吸收知识和运用知识，并认为这是组织的一项基本能力，在外部环境中辨别对组织发展有用的信息和知识并使其内部化并且有效运用以更高效实现其目标。以此研究为基础，随后学者界定了不同的研究维度，Lane 和 Lubatkin（1998）以 Cohen 和 Levinthal（1990）的三维度为基础，提出了相同的三维度，但强调辨识知识更多的是指科学、技术和学术知识，是“知道是什么”的知识；吸收知识维度强调“知道怎么样”的知识；运用知识维度强调“知道为什么”的知识。Lane 等（2001）在随后的研究中拓展了三维度的组成要素，辨识知识依靠组织成员的相互信任、文化的融洽程度与合作伙伴之间的联系；吸收知识依靠管理的水平、组织目标与成员间的知识共享；运用知识依靠组织的流程管理，与组织绩效关系密切。Lichtenthaler（2008）把知识吸收能力划分为三个维度：探索能力、转化能力和利用能力。徐二明和张晗（2008）把知识吸收能力界定为知识转化能力和知识创新能力，并实证分析了影响知识吸收能力的前因和后果。Sedera 和 Gable（2010）认为知识吸收能力体现在知识创造、知识保留、知识转换和知识应用四个维度上。王国顺和杨昆（2011）把企业知识吸收能力分为四个维度：知识识别、知识获取、知识共享和知识应用。何永清和张庆普（2013）在《基于模糊一致偏好关系的知识吸收能力评价研究》一文中将吸收能力分为知识获取能力、知识消化能力、知识转化能力、知识利用能力和知识清除能力五个维度。Zahra 和 George（2002）把知识吸收能力看作是在组织获得、吸收、转换和应用知识的一系列组织路径和过程中构成的动态能力，这与他们对知识吸收能力的定义是一致的。

国内关于知识吸收能力的实证研究基本以西方学者的维度划分为依据，基于上述研究，我们发现对知识吸收能力维度的界定有以下共同点。第一，把知识吸收能力看作一个知识流动、转移和整合的过程，能力从该过程中呈现出来。第二，知识吸收能力体现在两个方面：外部知识的辨识、评价和获取；内外知识的整合、转换和运用。第三，上述几种界定知识吸收能力的方法，最后一个维度都落脚在知识的利用、应用或商业化等，说明知识内外整合后有效运用知识的能力是知识吸收能力的重要组成部分。尽管上述学者对知识吸收能力的界定有类似之处，但目前对知识吸收能力还没有一种公认的界定方式。第四，上述大部分文献对知识吸收能力的解构是在组织层面，团队层次上知识吸收能力的分析还相对欠缺。应在团队层次上分析知识吸收能力产生的影响，研究团队层面的知识吸收能力会带给我们新的发现，因为团队成员知识技能的互补对团队知识吸收能力的影响是一个引人注目的话题。团队研究强调团队内部知识过程的重要性，最近团队间的知识流动过程也成为分析的重点。尤其对高校科研团队来讲，知识是其运行的血脉，研究其知识吸收能力更为重要。在参考和借鉴有关文献的基础上，结合高校科研团队的科研特点，高校科研团队是以知识为原材料创造新知识的工作单元，知识的运作过程及对知识运作过程的掌控能力尤为重要。本书主要参考 Zahra 和 George（2002）的四维度划分方法，从知识吸收的过程来界定团队知识吸收能力，并划分为四个维度，见表 5.2。

表 5.2　本书对知识吸收能力维度的界定

维度	定义	相关研究
知识获取能力	获取能力是组织定位、辨别、评估和获得对其运作意义重大的知识的能力	Lane 和 Lubatkin（1998） Zahra 和 George（2002）
知识消化能力	消化能力指组织吸收外部知识的能力，体现在组织对新获取的知识分析、解释、分类、内部化的过程	Szulanski（1996） Zahra 和 George（2002）
知识转化能力	转化能力是指组织把以前的知识和新吸收的知识进行有效融合，表现为以不同的方式增加或删除知识、组合或重新解释知识的能力	Kogut 和 Zander（1992） van den Bosch 等（1999） Zahra 和 George（2002）
知识利用能力	利用能力是指组织把获取、消化、转化的知识运用在组织实际中以更好地实现组织目标的能力	Lane 和 Lubatkin（1998） Zahra 和 George（2002）

资料来源：作者根据相关文献整理

知识获取能力指团队通过各种内外部联系，主要是外部联系定位、筛选、评价、获取对实现目标有重要作用的知识的能力。

知识消化能力指将从外部获取的知识与组织原有的知识融合，并且在团队内部分享的能力。

知识转化能力指在获取和消化了知识之后的又一高级阶段的知识运用能力，外部知识内部化，内部知识显性化，显性知识系统化的能力。

知识利用能力指把转化后的知识运用于组织实践,并产生商业化成果的能力。

三、团队绩效的研究维度

团队绩效测量的基础工作是要对团队绩效进行合理的解构：对于团队绩效的研究综合起来有三种观点，第一种观点认为绩效表现为结果；第二种观点认为绩效表现为行为过程；第三种观点是从综合视角，把团队绩效界定为工作业绩、工作过程的综合体。众多学者认为团队绩效由团队效率和团队效果两维度来反映，从花费的时间和费用角度衡量团队效率，关注的是过程；从产出的数量和质量角度考虑团队效果，关注的是结果。

从团队绩效的实现过程角度分析，认同程度较高的是 I-P-O 模型，随后在此基础上进一步提出了输入–中介–输出–再输入（input-mediator-output-input，IMOI）模型，IMOI 使团队有效性的研究加入了更多的过程变量。张剑和何海燕（2010）分别从团队投入、团队产出、团队效益三个方面构建了高校科研创新团队的绩效评价指标体系。李贞等（2013）从团队投入、团队运行和团队产出三个方面来评价团队绩效，团队投入方面 8 项，即团队规模、结构、成员能力、科研经费、其他经费、科研平台、基础设施、组织与社会支持，其中成员能力、科研经费和科研平台是关键要素；团队运行方面 11 项，即团队愿景、制度建设、科研活动组织、其他活动组织、团队沟通、冲突、协同、团队文化、科研进度控制、经费控制、人员控制，其中团队愿景、制度建设、科研活动组织、团队沟通和协同是关键要素；团队产出方面 19 项，包括纵向项目、横向项目、国际合作项目、论文发表、著作出版、研究报告、批示、成果采用、国际奖励、国家级奖励、省部级奖励、成员培养、研究生培养、人才引进、社会效益、经济效益、学术交流、合作研究、学术任职，其中纵向项目、著作出版、成果采用、国家级奖励、成员培养、研究生培养、社会效益是关键要素。李贞和张体勤（2018）从团队投入、团队运行、团队产出等三个方面明晰绩效评价要素，团队投入绩效评价整合为人力投入、项目与经费、科研平台、条件支持等四个指标，团队运行绩效评价要素归纳为团队规划、团队组织、团队协调和团队控制等四个指标衡量团队运行绩效，团队产出绩效评价要素归纳标志性成果、学术成果、成果应用与社会服务、成果获奖、人才效应、合作交流、团队声誉等为高校人文社科团队产出绩效的评价指标。

第二个视角是从系统的视角，全方位地衡量科研团队运行过程及运行结果，包括机制、人才、制度、能力、知识和成果等多个维度。张喜爱（2009）基于层次分析法建立了由队伍建设、科研项目、科研成果、制度建设与平台建设构成的科研团队绩效评价指标体系。朱晓琴和廖萍（2010）从能力的角度，设立了科研创新能力、团队协作能力、社会服务能力、人才培养能力、内部辐射能力 5 个指标进行评价团队绩效。刘慧群（2010）提出了包括科研成果数量、科研成果质量、科研团队协作的考核指标。包含丽等（2012）通过科研成果、团队协作能力、论文著作、成果转化与技术推广、学科建设、培养人才 6 个二级指标，18 个三级指标，并运用层次分析法（analytic hierarchy process，AHP）确定评价指标的权重。蒋娇等（2013）从团队的“PERFORM”特征出发，构建了 7 个评价维度具体内涵，包括目标（purpose）、授权（empowerment）、关系（relationship）、弹性（flexibility）、最优产能（optimal productivity）、认可与嘉奖（recognition and appreciation）、士气（morale），27 个具体评价指标的团队评价新体系，高绩效团队又称“PERFORM”团队。朱火弟和杨成（2013）根据平衡计分卡的基本原理，结合高校科研团队的特点，从团队学习与成长、资源支持、团队科研成果及团队内部运作等 4 个维度来构建高校科研团队绩效评价指标体系。沈凌和冯旻舒（2015）指出高校科研团队有效性评价指标的研究较多，主要有投入产出角度、资源配置角度和社会服务角度三个。骆嘉琪和匡海波（2015）通过对我国科技创新团队相关文件的解读和针对《国务院关于改进加强中央财政科研项目和资金管理的若干意见》（国发〔2014〕11 号）开展落实相关工作，建立了人力资源（科研基地、杰出人才、教师队伍建设、学生培养）、科研经费（横向项目经费、纵向项目经费、基础科研费）及科研设备（实验室建设数据库建设）三个一级指标及若干个二级指标对团队绩效进行评价。Liu 和 Cross（2016）把团队绩效界定为三个维度：效率、效果和创新。孔春梅和王文晶（2016）提出团队绩效衡量指标包括：学术价值、经济价值、社会价值、人才效应、团队学习、知识共享、团队运行七项。夏云霞等（2017）运用层次分析法从“目标实现、突出成果、人才培养、组织运行”四个维度，设立了 4 个一级指标要素，对各一级指标要素的内容进行分解，并结合研究所的目标导向，设立了 16 个二级指标要素对科研团队绩效进行评价。

综合上述研究结果，虽然团队功能各异，但大多数团队绩效至少可以从两个构面来看，一是工作结果，二是团队成员的心理感受，也就是对合作的满意度。在评价团队绩效时可以采用两个共同指标：团队对组织既定目标的达成情况及团队成员的满意感；团队的协作过程及成员的满意度。以此为依据，本书把科研团队的绩效界定为二维结构：效果和效率。效果是指所从事活动的结果，是现实预定目标的程度，包括产出的科研成果、预定目标的完成情况、团队内部成员对项目结果的满意度、团队外部成员对结果的评价等。效率是实现目标的手段、方式和方法，是衡量的目标实现过程，包括所花费的费用、所用的时间及团队成员对合作过程的满意度。

第三节 主要研究假设

假设是对变量或变量之间关系作出的一种合理的、尝试性的并有待检验的一种解释，表明研究者对研究结果的一种设想和预期。本书涉及的有两种假设：一是各变量的结构假设；二是主要变量的关系假设。

一、各变量的结构假设

结构假设是对变量包含维度的假设。本书涉及四个变量：团队内社会资本、团队外社会资本、知识吸收能力及团队绩效。根据前文对各变量的解构分析，提出以下假设。

假设 5-1a：团队内社会资本是个多维变量。

假设 5-1b：团队内社会资本包括三个维度，分别是结构、关系和认知维度。

假设 5-2a：团队外社会资本是个多维变量。

假设 5-2b：团队外社会资本包括联系和互动两个维度。

假设 5-3a：知识吸收能力是个多维变量。

假设 5-3b：知识吸收能力包括四个维度，分别是知识获取、消化、转化和利用能力。

假设 5-4a：团队绩效是个多维变量。

假设 5-4b：团队绩效包括效率和效果两个维度。

二、主要变量的关系假设

关系假设是对变量之间的关系作出的合理的、尝试性的有待检验的假设。团队社会资本是团队可以利用的一种资源，表现为团队环境资源。团队内社会资本是团队内部成员之间在相互作用的过程中形成的一种内部资源，团队外社会资本是团队成员在长期和外部成员交往过程中形成的一种外部可利用的资源，二者加总起来表现为团队社会资本。知识吸收能力是从知识运作过程视角来界定的，表现为知识获取能力、知识消化能力、知识转化能力和知识利用能力，本质就是指对内外知识交流、共享、转换和应用的能力。社会资本的建立能有效地促进隐性与显性知识的转移，并且内部和外部社会资本在知识转移中扮演了不同角色，外部社会资本有利于异质性信息和外部知识的获取；内部社会资本主要作为信息和知识的处理和分配机制。

Dyer 和 Singh（1998）最早将知识吸收能力的研究扩展到更为广阔的关系视角，并指出识别、吸收和运用知识的能力是建立在社会性互动、合作过程和伙伴间关系的基础之上的。Kogut 和 Zander（1992）指出团队对知识的获取、开发和利用的过程首先是一种社会过程，其次，知识创新是通过提出新概念或对现有的知识进行整合的结果，一个丰富的内部传播网络有助于新知识的建立，通过丰富的传播网络，能够共享知识并很快地辨识对团队发展有用的知识，剔除不相关的知识，这样就提高了知识运作效率。当标准化的解决问题思路和成员个体的技术专长被团队成员广泛共享时，就减少了重复性劳动，提高了团队的运作效率。Tsai 和 Ghoshal（1998）指出内部社会资本有助于成员间资源的交换和资源的整合，对组织绩效有促进作用，同时可以提高对外部知识的利用能力，当团队成员通过各种途径与外部联系者进行交流时，每个外部联系者都是一个知识集合体，交流过程中获取的知识要通过内部成员的相互作用才能转化和共享，所以内部社会资本能使团队快速辨识、消化和应用通过外部联系获取的知识。团队内的社会资本作为组织的一种无形资源，能提高知识的传递效率、方便知识的共享、提高解决问题的效能。团队内社会资本促进组织建立共同的知识，成员从某种程度上分享这些知识，提高内部知识共享的效率、便于知识的转移、消化，有助于建立组织的共同知识，成员分享这些知识，有助于提高知识运用的能力。基于上述分析，本书假设如下。

假设 5-5：团队内社会资本对知识吸收能力有显著的正向影响。

按照嵌入性理论，团队是在一个社会网络中生存和发展的，所以需要考虑团队外环境中的要素对团队知识吸收能力的影响。团队外社会资本的核心要素是建立与合作伙伴、顾客及与主管部门等的联系与互动，并且随着合作互动过程中信任的建立，合作伙伴会充分认识彼此的优势，为了共同的利益各自发挥自身的优势。如果与外部的联系被有效管理，会产生更高的交易效率，会更稳固这种联系。通过这种联系的维系和发展，能提高团队的知识吸收能力，提高团队知识交换和组合的效率。Tsai（2001）认为团队外社会资本具有联结相对松散、互动有限等特征，有助于团队从对外部获取显性知识，同时团队与外部行动者频繁沟通或建立信任关系，有助于团队获取及时信息、多样化知识及更多隐性知识。Yli-Renko 等（2002）提出外部社会资本对于从合作伙伴处获取知识有积极的作用，一个组织与外界的联系越广泛，就有越多的学习机会，高绩效的团队能有效地利用其外部联系获取大量的知识和信息，因此获取信息和知识优势，能把握住更多的机会。徐伟青等（2011）指出与团队外部的关系者保持较强的联系，有利于双方建立互信关系，加速隐性和显性知识的转移，拥有多种类型的外部联结比拥有单一类型的联结更有助于外部知识的获取。同时我们应看到，社会资本提供给了组织获取外部信息、知识及其他资源的途径，通过各种途径获取的知识要被团队消化、转化和利用，通过与团队外联系者的联系和互动能帮助和加速知识的交换，降低知识搜寻成本，加速知识的整合和利用。基于上述分析，提出假设 5-6。

假设 5-6：团队外社会资本对知识吸收能力有显著的正向影响。

知识的价值实现不是自发完成的，知识的价值在于管理。知识管理学者达文波特指出：组织唯一持久的竞争优势，来自其集体所拥有的知识和如何有效地运用这些知识，以及它如何主动地获取和运用新的知识。知识如何转化为组织价值尤其引人关注。在组织中知识创造价值需要有两个前提条件：一是知识的价值性，并不是所有的知识对组织来讲都是有用的，只有和组织目标实现及组织核心竞争力的培养高度相关的知识才可为组织带来价值，因此，知识的鉴别和评价是组织知识工作的重要一环；二是知识价值的可管理和可开发性，知识转变为组织绩效的过程是一个复杂的动态过程，包括知识的获取、消化、转化和利用等环节，所以组织仅仅拥有知识是不够的，如何有效地开发和利用知识转化为团队绩效是更关键的工作。目前，对团队绩效的研究主要是依据 McGrath 的 I-P-O 模型，如果我们把团队内、外社会资本看作是团队的输入要素，则团队知识吸收能力体现在团队过程要素上。Oh 等（2006）认为团队过程可以解释输入变量相似而团队绩效有差异的状况，所以知识吸收能力影响团队绩效。基于上述分析，提出假设 5-7。

假设 5-7：知识吸收能力对团队绩效有着显著的正向影响。

通过对影响团队绩效因素方面的研究成果进行梳理发现，以往的研究主要集中在三个方面：一是员工个体的因素，包括动机、态度、技能、员工组织公民行为等；二是管理或领导者的因素研究；三是环境因素的影响，组织环境对团队绩效有影响，组织环境可分为管理过程、组织文化与组织系统等。一个团队的绩效不仅与团队成员社会交往和联系紧密相关，而且与团队内部成员间联系密度、相互信任和目标的共识程度紧密相关。在强调任务、技术与团队成员素质等因素的同时，人际的因素已超越技术、任务等因素，成为影响团队绩效的重要因素。对于外部社会资本对组织绩效的影响基本达成共识，外部社会资本有助于组织创新、组织绩效提高，如前文所述，对于内部社会资本对组织绩效的影响有两种观点，但作者认为团队内成员的联系、互动及团队成员间的信任、共同的目标和愿景对团队绩效的达成起积极的作用，这是团队绩效提高的基础，失去了这个基础团队绩效难以提高。基于上述分析，提出假设 5-8 和假设 5-9。

假设 5-8：团队内社会资本对团队绩效有显著的正向影响。

假设 5-9：团队外社会资本对团队绩效有显著的正向影响。

由前文分析可知，本书建立了三个独立的关系：一是团队内社会资本与知识吸收能力的关系，二是团队外社会资本与知识吸收能力的关系，三是知识吸收能力对团队绩效的影响。我们进一步把这几种关系连接起来，可以发现知识吸收能力是非常重要的。因为团队社会资本不像人力资本或财务资本那样直接对绩效产生影响，团队社会资本转化为团队绩效要通过一系列的环节。有些学者已经在组织层面上分析了社会资本影响组织绩效的机制，在知识管理过程对组织绩效的影响机制中，组织能力是重要的中介变量或调节变量。Tsai 和 Ghoshal（1998）分析得出社会资本（包括结构、关系和认知三维度）通过智力资本影响着创新绩效。柯江林等（2007）在团队研究层面上通过探索性因子分析和验证性因子分析确定了团队内社会资本由六个一阶因素构成，分别为互动强度、网络密度、同时信任、主管信任、共同语言及共同愿景，以此为出发点，以知识整合和知识分享为中介变量，探究了研发团队效能的形成机制。王国顺和杨昆（2011）指出吸收能力总体在企业社会资本对企业创新绩效的影响中起中介作用，外部社会资本促进知识辨识和获取；内部社会资本促进知识分享及应用。Chang 等（2011）实证分析了团队外部社会资本与团队弹性之间的联系，建立在社会资本理论的基础上，研究表明外部社会资本有利于信息系统项目团队弹性的提高，进而有利于团队绩效的提高。社会资本为团队形成知识吸收能力提供环境支持，这种内外环境的支持通过团队知识吸收能力促进团队绩效水平的提高。Adler 和 Kwon（2002）用二分法提供了一种社会资本的研究轮廓，即组织外部社会资本和组织内部社会资本，内部社会资本附着于一个群体的内部连带关系及关系结构，功能在于提升群体的集体行动水平，外部社会资本附着于行动者的外在社会联系和互动，其功能在于帮助行动方获取外部资源，以提高群体绩效。以此为依据本书把团队社会资本界定为团队内社会资本和团队外社会资本两个组成部分，作为同一主体的内、外两种资源，应该有相关关系，一个团队能成功不是因为其掌握了更多的资源，而是因为其具有了有效运用资源的能力。基于上述研究得出以下两个假设。

假设 5-10：知识吸收能力是团队外社会资本和团队绩效的中介变量。

假设 5-11：知识吸收能力是团队内社会资本和团队绩效的中介变量。

第四节　测 量 工 具

针对测量工具的开发有两种思路：第一种思路是用现有量表，先期的研究学者经过大量的实证研究工作，在学术界得到广泛认同且反复被使用的量表一般有较高的信度和效度，信度和效度是量表成熟性的重要标志。陈晓萍等（2008）认为直接沿用量表有三方面的局限性，一是文化上的局限性，大多数的量表都是西方学者在研究西方社会现实和企业实际的基础上得来的，将西方的量表应用于中国的文化背景下，测量的适用性和可行性程度是首先要考虑的；二是时间上的因素，一个量表需经过创建、测试、完善、再测试、再完善，在这个过程中，环境因素的变化是量表不断修正和完善的重要影响因素。所以在使用现有量表的过程中，要分析量表的演进过程，量表所测量的概念的环境是否已发生变化；三是语言上的影响因素，把西方的量表翻译过来后，词汇的内涵和外延的把握和界定，尤其是词汇的外延往往带有翻译者主观的臆断。所以基于以上三方面的原因，在沿用西方现成的量表时，主要考虑三方面的可行性，一是西方的量表是普适的还是只针对一个特定的群体的，是否可用于测量你的研究样本。二是西方的量表测的内容是否能准确而全面地测量你想测量的概念，其内涵和外延吻合程度如何。三是一旦上述两个条件确定，选用某个现有的量表，就要沿用其量表中的所用项目，尽量不要删减或增加。第二种思路是自己开发量表，陈晓萍等（2008）认为在以下三种情况下可以自行设计量表，一是现有的量表不能满足需要时；二是研究目的是测试某一概念的跨文化应用；三是研究的目的就是开发新量表。本书依据上述原则，结合高校科研团队的具体特点，采用直接翻译并修改措辞和简单改编两种方式开发了团队内社会资本、团队外社会资本、知识吸收能力和团队绩效四个核心变量的量表。

一、团队内社会资本的量表开发

如前所述，对于团队社会资本的解构，Nahapiet 和 Ghoshal（1998）提出的结构维度、关系维度和认知维度得到了广泛的共识，本书对于团队内社会资本的研究也以三维度为基础，对各维度的具体测量题项，由于测量对象和测量目的不同有一定的差异。

（1）结构维度：Nahapiet 和 Ghoshal（1998）把结构面社会资本定义为团队内部成员间的所有非人格方面，主要表现为联系、整体结构、成员的互动程度等非人格化因素。柯江林等（2007）用互动强度（4 个题项）和网络密度（3 个题项）测量结构面社会资本。Hsu（2015）用三个题项测量社会资本的结构面（部门内同事间良好的互动关系、用在与部门内同事互动上的时间、交往密切的同事沟通的次数）。

（2）关系维度：Nahapiet 和 Ghoshal（1998）把关系面社会资本定义为团队内部成员在长期交往过程中培养的人际关系，包括信任、规范、责任等，侧重于社会关系的人格化方面。柯江林等（2007）指出用同事信任（4 个题项）和主管信任（4 个题项）来测量。Hsu（2015）用五个题项测量社会资本的关系面（自在沟通的程度、真诚相待的程度、相互间的信任）。

（3）认知维度：Nahapiet 和 Ghoshal（1998）认为认知面社会资本是指能够为团队内成员提供共享的意义和理解的资源，包括公共的知识背景、共同的语言平台、共享的道德规范、共享的远景和使命、共享的目标和文化等。Tsai 和 Ghoshal

（1998）通过共同愿景来测量认知面的社会资本；柯江林等（2007）用共同愿景（4个题项）和共同语言（4个题项）来测量认知面社会资本。Hsu（2015）用三个题项测量社会资本的认知面（共同目标、共同愿景、共同价值观）。

本书参考了 Nahapiet 和 Ghoshal（1998）及上述学者提出的相关测量题项，见表5.3。结合高校科研团队的特点，通过深入访谈，征求多位学者的建议，提出了测量团队内社会资本结构面的7个题项，测量团队内社会资本关系面的6个题项，测量团队内社会资本认知面的8个题项。采用利克特五点量表法进行评价，用“1=非常不符合；2=不太符合；3=一般；4=比较符合；5=非常符合”来表述团队成员对团队内社会资本的感知和认识。

表5.3 团队内社会资本初始量表的题项

序号	测量指标	来源
A11	团队内的小圈子	柯江林等（2007） Hsu（2015） Nahapiet 和 Ghoshal（1998）
A12	小圈子间的联系	
A13	团队内正式沟通	
A14	团队内非正式沟通	
A15	团队内部讨论会	
A16	大多数成员参加活动主动性	
A17	大多数成员谈论工作的积极性	
A21	大多数成员的敬业程度	
A22	大多数成员的工作能力	
A23	大多数成员负责任的态度	
A24	大多数成员没有拘束地讨论	
A25	团队内部成员间相互帮助	
A26	团队成员之间坦诚相待	
A31	团队成员对专业术语的理解	
A32	团队成员对专业符号的理解	
A33	团队成员熟练掌握工具程度	
A34	团队成员的行为规范一致	
A35	团队成员价值观念一致	
A36	团队成员对目标看法的一致	
A37	对团队发展前景看法的一致	
A38	对关键决策的共识	

二、团队外社会资本的量表开发

关于团队外社会资本的测量，国外学者 Oh 等（2006）把外部社会资本看作一种联系，包括垂直联系和水平联系两个层面，将垂直联系界定为与团队发生联系的上下游链条的单位建立的联系，包括与政府主管部门、企业、顾客等；水平联系指和同类型的科研机构建立的联系。Chang 等（2011）用垂直联系、水平联系和市场联系三个维度来测量团队外社会资本，其中，垂直联系指本团队与相关的管理部门的工作联系，用高度互惠、相互信任、相互尊重、个人友好 4 个题项来测量；水平联系指本团队与其他横向合作伙伴的工作联系，测量题项与测量垂直联系的题项相同；市场联系指与本团队的交易互惠关系，用专业联系、行业联系、买卖联系、咨询顾问联系和学术联系 5 个题项来测量。彭灿和李金蹊（2011）把团队外社会资本界定为四个维度，其中，团队内外互动强度用 3 个题项来测量（相互了解、正式交流及非正式交流），团队外网络密度用 3 个题项来测量（与单位的团队外人员的联系、与团队外高校与科研院所的联系、与团队外其他单位人员的联系）、相互信任用 4 个题项来测量（相信能力、经验的共享、坚持承诺、提供帮助）、共同语言用 4 个题项来测量（熟悉符号和用词、熟悉专业术语、理解描述的问题、熟悉软件）。

本书主要参考了众多学者对团队外社会资本的测量题项，结合高校科研团队的特点，通过深入访谈，征求多位学者的建议，提出了测量团队外社会资本结构面的 9 个题项，其中，7 个题项测量联系，2 个题项测量互动，团队外社会资本的初始量表题项见表 5.4。

表 5.4　团队外社会资本初始量表题项

序号	测量指标	来源
B11	与行政主管部门的联系	Oh 等（2006） Chang 等（2011）
B12	与专业协会的联系	
B13	团队中有多名成员在行政部门或一些社会团体任职	
B14	参加联系团队的重大活动	
B15	组织各类会议	
B16	团队中有成员在行政部门任职	
B17	与其他相关方的联系	
B18	是否经常请专家来指导	
B19	是否经常去参加学术会议	

三、知识吸收能力的量表开发

国外关于知识吸收能力的量表大都是按照 Zahra 和 George（2002）的四维度划分方法，从知识吸收的过程来界定四个维度并自编或改编量表，Camisón 和

Forés（2010）总结的各学者对知识吸收能力测量使用的题项见表 5.5。

表 5.5　Camisón 和 Forés 的知识吸收能力测量维度及题项

维度	题项
获取能力	获得竞争者的知识
	对环境的开放性
	研发合作
	技术能力的外向发展
消化能力	技术的消化
	人力资源状况
	标杆的状况
	涉及的知识
	参加培训
	知识管理
转化能力	IT 知识传播
	更新能力
	适应能力
	知识交换
	研发及整合能力
利用能力	新知识开发
	经验应用
	专利
	技术领先

资料来源：Camisón 和 Forés（2010）

Flatten 等（2011）对知识吸收能力的测量题项见表 5.6。

表 5.6　Flatten 等的知识吸收能力测量题项

维度	题项
获取能力	关注组织所在行业的相关信息是组织的一项日常工作
	管理方式引导员工更多地关注行业中的信息
	员工能从行业的高度来分析相关的信息
消化能力	组织内部观点是可以跨部门交流的
	组织内部强调跨部门支持问题的解决
	组织内部信息的传递非常迅速，若一部门获取了重要信息，它能很方便地传递给其他部门
	组织内部周期性组织多部门参加的会议相互通报新动态、问题及成绩

续表

维度	题项
转化能力	我们的员工有能力去重构和使用获得的知识
	我们的员工工作为了组织更长远目标的实现
	我们的员工能成功地以新视角看待老知识
	我们的员工能把新知识应用在工作实践中
利用能力	组织支持鼓励创新
	组织会根据新知识不断改良技术
	组织有能力通过使用新技术使工作更有效

资料来源：Flatten 等（2011）

国内学者关于知识吸收能力的量表大都是沿用国外的量表或稍做修改，崔志等（2007）用 5 个题项来测量吸收能力，包括：能快速全面地获得本行业新知识、能快速识别外部新知识给组织带来的变化、能将已消化的新知识与其他知识融合、能很快地消化新知识进行新产品或服务的开发、能快速根据新知识修订内部各项规章。陈劲等（2011）把知识吸收能力分为潜在吸收能力和现实吸收能力两个维度，用企业识别外部知识的能力、引进外部知识的速度、掌握外部知识来源的能力、对外部知识进行整理分类的能力、迅速理解外部知识的能力 5 个题项测量潜在吸收能力；用对新旧知识进行融合的能力、更新过时知识的频率、将新知识有效用于工作的能力、将新知识快速提供给有需要员工的能力、能够抓住偶然发现的机会的能力共 5 个题项测量实际吸收能力。

本书在文献研究的基础上，结合专家访谈把知识吸收能力从过程角度界定为：团队从内外部获取知识、消化知识、转化和利用知识的过程中呈现出来的能力。根据 Zahra 和 George（2002）关于知识吸收能力的界定，以 Flatten 等（2011）关于企业知识吸收能力的测量题项为基础，结合高校科研团队的特点，对知识获取能力的测量增加了一个题项变为 4 个，对知识消化能力和知识转化能力的测量不做变动都为 4 个题项，对知识利用能力的测量增加了一个题项变为 4 个。本书对知识吸收能力初始量表测量题项见表 5.7。

表 5.7　知识吸收能力初始量表测量题项

序号	测量指标	来源
C11	关注研究领域的新知识	Flatten 等（2011） Camisón 和 Forés（2010） 陈劲等（2011）
C12	辨识利于本团队发展的知识	
C13	迅速获取所需知识	
C14	容易获取所需知识	
C21	大多数团队成员知识不断更新	

续表

序号	测量指标	来源
C22	团队内部的交流网络	Flatten 等（2011） Camisón 和 Forés（2010） 陈劲等（2011）
C23	团队内部的交流制度	
C24	团队学习新知识的速度	
C31	团队成员新旧知识整合	
C32	团队形成新观点和想法	
C33	围绕目标任务整合知识	
C34	提出解决问题的措施	
C41	科研水平	
C42	成果转化	
C43	承担的项目	
C44	知识利用氛围	

四、团队绩效的量表

由于学者的研究视角不同，团队绩效的量表也分别用不同的题项来测量。周斌（2007）指出团队绩效评估需考虑三方面的因素：一是团队的任务完成情况；二是对组织目标实现的贡献；三是团队的合作状况，具体包括效益性指标（项目质量、评审获奖、给组织带来的收益、团队的收益）、效率（各阶段进度、总体进度、目标达成率、成员合作、经费控制等）、成长（项目难易程度、对组织的重要性、组织形象的提升、客户满意度、团队成员的成长）和风险（技术复杂程度、项目评审可能存在的风险、对营销活动的负面影响）四个方面。张钢和方珑（2007）用五个项目来测量知识型团队绩效，包括员工忠诚度、团队凝聚力、成员绩效、群体绩效及员工满意度。柯江林等（2007）把研发团队的团队绩效分为三个维度——创新绩效、团队承诺和计划符合度，用 10 个题项来测量，包括团队工作成果的新颖性、团队的创意、工作成果的技术含量、团队适应变化的状况、费用和预算、花费的时间、目标实现状况、团队成员的自豪感、团队成员的奉献、成员工作努力程度等。王海霞（2008）从团队成果出发，用 8 个题项来测量团队绩效，包括团队成员的专业知识、工作质量、工作数量、工作态度、人际技巧、工作投入、工作能力和工作绩效。李巨光等（2010）在《科技创新团队绩效评价指标体系的构建》一文中，指出应从团队学术贡献（包括科研成果、论文论著、成果转化、人才培养和学科发展）、团队领导及团队结构（团队领导的学术素养和工作实绩、团队人数及团队学术梯队状况）、团队能力与支撑、团队运行（管理机制和运行状况）、团队文化及周边绩效五个方面来设计考核指标。倪渊和林健（2010）提出了一个测量研发团队绩效的指标体系，团队绩效包含三个维度——产品绩效

（产品研发、产品获利、顾客满意）、项目绩效（时间控制、成本控制和风险控制）、人员绩效（团队合作、团队技能、成员技能），用共 21 个题项来测量团队绩效。Chang 等（2011）把团队绩效界定为项目团队在项目目标、预算、时间和运作效率方面的实现程度，并且用 7 个题项来测量团队绩效：运作效率、生产率、时间、预算、团队产品的质量、团队外相关方的反应、实现目标的能力。齐旭高等（2013）把产品创新团队绩效量表共设 6 个题项，包括：团队拥有比较多的产品创新成果；团队比同行业间类似产品的创新速度快；团队创新产品具有较高的新颖性；团队负责的创新产品较好地满足了客户需求；团队产品创新过程与计划进度符合度较高；团队成员对相互间合作都很满意。胡泽民等（2017）从团队业绩、团队能力、团队协作三个方面构建科技创新团队绩效评价指标体系，团队业绩用工作时效、工作任务完成率和工作质量三个指标衡量；团队能力用创新能力、管理能力、学习能力和知识技能四个指标衡量；团队协作用组织协调、组织沟通及成员满意度三个指标衡量。

综上所述，本书测量的科研团队属于比较具体的团队类型，虽然对于如何测量高校科研团队绩效，学者认识不一，但多数都认为，使用客观的衡量指标难以有效实施，一方面是各个团队面临的工作任务不同，科研团队所在领域包括文科研究团队和理科研究团队，从团队性质上看有课题组、研究生团队、研究所（中心），难以把最后产出作对比；另一方面是收集到各科研团队的产出数据也是我们面临的一个挑战。所以难以用一套非常具体的指标体系来测量团队绩效，因此我们用主观指标来对团队绩效进行衡量。通过深入访谈征求多位学者的建议，在参考 Chang 等（2011）及柯江林等（2007）关于团队绩效测量题项的基础上，用 8 个题项来测量科研团队绩效，其中，效果维度用 5 个题项来测量，效率维度用 3 个题项来测量，具体本书的团队绩效量表初始测量题项见表 5.8。

表 5.8 团队绩效量表初始测量题项

序号	测量指标	来源
D11	科研成果的水平	Chang 等（2011） 柯江林等（2007）
D12	目标完成情况	
D13	团队成员对项目结果的满意度	
D14	团队的知名度和影响力	
D15	团队成员在该团队中的成长	
D21	对合作的过程满意	
D22	花费	
D23	时间	

本章以社会学习理论、嵌入性理论和学习型组织理论为基础，以团队社会情

境—过程视角的知识吸收能力—团队绩效为研究主线提出了本书的概念模型，该模型包括三个核心变量——团队社会资本、知识吸收能力和团队绩效，从内、外两个方面把团队社会资本分为团队内社会资本和团队外社会资本分别测量，团队内社会资本采用 Nahapiet 和 Ghoshal（1998）提出的结构维度、关系维度和认知维度；团队外社会资本以 Oh 等（2006）和 Chang 等（2011）提出的水平联系、垂直联系和市场联系为参考界定为联系和互动两个维度；根据 Zahra 和 George（2002）关于知识吸收能力的界定，知识吸收能力包含知识吸收能力、知识消化能力、知识转化能力和知识利用能力四个维度；团队绩效采用效率和效果两个维度。在此基础上提出了两类假设：一是变量的结构假设，二是变量的关系假设。对于团队内社会资本、团队外社会资本、知识吸收能力与团队绩效四个变量的量表分别采用了不同的开发方法，团队内、外社会资本的量表是在参考相关量表的基础上，广泛搜集题项，结合高校科研团队的特点，经过文献阅读形成了一份有 21 个题项测量团队内社会资本的初始量表、有 9 个题项测量团队外社会资本的初始量表、有 16 个题项测量知识吸收能力的初始量表、有 8 个题项测量团队绩效的初始量表。为了保证量表的质量，本书在编制完量表初稿后，分别请科研团队的 3 位专家学者就各测量题项的适切性进行检验，包括题项所要测量的构面特征是否合适、测量题项表达的含义是否明确、题项用词的准确完整与通顺性等。对各专家的意见进行汇总，对量表的题项进行修改，保证量表的专家效度。对于团队内社会资本的测量题项只是修改了一些措辞，在团队内社会资本的题项中，有“团队大多数成员具有负责任的工作态度”，专家指出“负责任”的对象要界定得更清楚，所以建议改为“团队大多数成员具有对团队负责任的工作态度”。测量题项中有“团队大多数成员能很自在地讨论工作上的问题”，专家建议改为“团队大多数成员能没有拘束地讨论工作上的困难”，因为“很自在”和“讨论工作上的困难”搭配可能让人产生歧义。对于团队外社会资本，虽然本书在确定量表的题项时也参考了众多测量团队社会资本的量表，但专门针对高校科研团队外社会资本的量表还未找到，因此，在这部分初始量表问题较多，专家提出了较多的修改建议。第一，B11“团队与行政主管部门的联系比较密切”和 B16“团队有成员在行政部门任职”两个题项相关较高，建议合并两个题项，因此删除 B11。第二，因为 B13“团队中有多名成员在行政部门或一些社会团体任职”分别可以由 B12“团队中有成员在本专业领域内的各类协会任职”及 B16“团队中有成员在行政部门任职”所测量，因此删除 B13。第三，B14“遇到外部联系团队有重大活动时，团队都派成员去参加或出席”与 B18“本团队经常请高水平的院校或科研机构专家来指导工作”及 B19“本团队经常有团队成员去高水平的院校和科研机构参观学习”的测量内容基本相同，都是反映双方的互动状况，因此删除 B14。第四，B15“组织各类会议”与 B17“与其他相关方的联系”有交叉，建议删除 B15，团队外社会资本量表由原来的 9 个题项合并为 5 个题项。对于知识吸收能力的测量量表，根据 Camisón 和 Forés（2010）提出的测量企业知识吸收能力的量表结构，只是修改了一些措辞。对团队绩效量表，专家建议删除 D22“团队的大多数项目花费在预算控制内”及 D23“团队的大多数项目按预定期限完成”，因为“团队能基本完成各种预定的目标”已经包括了这些内容。以上是在各位专家的建议指导下对测量题项做的修改。随后请有量表设计经验的教师及在读研究生就各题项内容的适切性与准确性提出建议，并请三位科研团队成员进行试填写，重点调查试填写过程中的对各题项的措辞不清、含义模糊等问题，并及时修正，形成测试量表。

第六章　变量测量及量表的信效度分析

首先，发放量表并对量表的回收情况进行汇总，对样本进行描述性统计分析，判断调查对象是否符合预定的调查要求；其次，对总体量表和各分量表进行效度和信度分析，通过探索性因素检验各量表的建构效度，力求得出各量表较佳的因素结构，为了确定总量表和各分量表的可靠性和有效性，做信度检验；最后进行验证性因子分析，包括一阶验证性因子分析和高阶验证性因子分析，探究各量表的因素结构模型是否和收集到的数据相吻合及各观察变量是否可以作为各潜变量的测量变量。

第一节　量表回收情况汇总及样本数据特征的描述

一、量表回收情况汇总

在调研阶段，通过河北大学社会科学处获取了 2014~2018 年承担课题经费在 5 万元以上的课题负责人及参与人名单，从河北大学科技处获取了 2014~2018 年的承担课题经费在 10 万元以上的负责人及参与人名单，发放纸质问卷共 120 份，回收 98 份，剔除回答不全的问卷 12 份，得到 86 份问卷，因为大部分是同事，所以问卷回收率较高。在河北大学管理学院中给企业管理专业的二年级研究生和工商管理专业的二年级研究生发放纸质问卷 80 份，回收有效问卷 67 份。利用同学关系在河北农业大学经济贸易学院和机电工程学院的研究生导师和二年级硕博研究生中发放电子问卷 120 份，回收有效问卷 63 份。发放中国农业大学研究生导师和二年级硕博研究生电子问卷 90 份，回收有效问卷 44 份。在河北经贸大学研究生院通过同学关系发放电子问卷给二年级的研究生 120 份，回收有效问卷 58 份。共获取有效问卷 318 份。

二、样本数据特征的描述

对样本数据特征从个体基本信息和团队基本信息两个层面进行描述：个体基本信息包括性别、年龄、学历、职称、在该团队的时间；团队基本信息包括团队人数、团队性质。具体见表 6.1。

表 6.1 调查样本的性别与年龄分布情况

性别	样本数量	所占比例	年龄	样本数量	所占比例
女	189	59.4%	35 岁及以下	225	70.8%
男	129	40.6%	36~40 岁	70	22.0%
			41~45 岁	20	6.3%
			46~55 岁	2	0.6%
			56 岁及以上	1	0.3%
合计	318	100%	合计	318	100%

在这次调查的有效问卷中，女性所占比例为 59.4%，男性所占比例为 40.6%，性别分布基本合理。从年龄上来看，35 岁及以下的占 70.8%，36~40 岁的占 22.0%，41~45 岁的占 6.3%，46~55 岁的占 0.6%，56 岁及以上的占 0.3%。大部分参与调查的为 35 岁以下，36~55 岁的年龄段的团队成员，这个年龄段的成员也正是团队发展的中坚力量。所以样本的年龄分布基本符合实际情况。在这次调查的有效问卷中，学历和职称分布见表 6.2。

表 6.2 调查样本的学历和职称分布情况

学历	样本数量	所占比例	职称	样本数量	所占比例
本科及以下	201	63.2%	无	209	65.7%
			初级	22	6.9%
硕士	97	30.5%	中级	60	18.9%
博士	20	6.3%	高级	27	8.5%
合计	318	100%	合计	318	100%

从学历分布来看，本科及以下占 63.2%，在读硕士占相当大的比例，硕士占 30.5%，博士占 6.3%。8.5%的人员是高级职称，中级及以下职称占比接近 92%，这主要和调研对象主要是研究生团队有密切联系，大部分是在读的硕士和博士生，

这也基本符合团队的实际情况。样本数据和实际情况有较高的相符性。

在这次调查的有效问卷中，从调查对象在团队工作的时间来看，半年以下的占 0.3%，半年至 1 年的占 0.9%，1~2 年的占 44.0%，2~3 年的占 47.8%，3 年以上的占 6.9%，90%的成员在团队工作的时间超过 1 年，比较清楚团队运行的情况，具体数据见表 6.3。

表 6.3 样本在团队工作时间分布情况

团队工作时间	样本数量	所占比例
半年以下	1	0.3%
半年至 1 年	3	0.9%
1~2 年	140	44.0%
2~3 年	152	47.8%
3 年以上	22	6.9%
合计	318	100%

注：由于数据进行了四舍五入，总和不为 100%

在这次调查的有效问卷中，从调查对象所在团队的规模来看，5 人及以下的占 23.9%，6~10 人的占 71.7%，10 人以上的占 4.4%，大约 90%的团队规模在 5~10 人。文科研究团队占 68.6%，理工科研究团队占 31.4%。具体数据见表 6.4。

表 6.4 样本所在团队人数和团队类型分布情况

团队人数	样本数量	所占比例	团队类型	样本数量	所占比例
5 人及以下	76	23.9%	文科研究团队	218	68.6%
6~10 人	228	71.7%	理工科研究团队	100	31.4%
10 人以上	14	4.4%			
合计	318	100%	合计	318	100%

三、各变量的描述性统计

对各变量的描述性统计是根据正式问卷回收得到的数据进行的描述。先看各变量测量得分的最大值、最小值和平均值，以整体观察得分的分布；通过标准差的计算可以看出得分的离散程度。偏度和峰度用来衡量数据分布的不对称程度和偏斜程度。各测量指标的描述性统计分析见表 6.5。

表 6.5 测量指标的描述性统计分析

维度	编号	测量指标	最小值	最大值	均值	标准差	偏度	峰度
团队内社会资本结构	A11	团队内的小圈子	2	5	3.27	0.690	−0.296	−0.708
	A12	小圈子间的联系	2	4	3.28	0.678	−0.404	−0.819
	A13	团队内正式沟通	2	5	3.30	0.711	−0.285	−0.666
	A14	团队内非正式沟通	2	4	3.17	0.721	−0.267	−0.047
	A15	团队内部讨论会	2	5	3.29	0.744	−0.200	−0.658
	A16	大多数成员参加活动主动性	2	5	3.24	0.720	−0.195	−0.705
	A17	大多数成员谈论工作的积极性	2	4	3.22	0.709	−0.349	−0.968
团队内社会资本关系	A21	大多数成员的敬业程度	2	5	3.31	0.678	−0.347	−0.656
	A22	大多数成员的工作能力	2	5	3.35	0.646	−0.413	−0.619
	A23	大多数成员负责任的态度	2	5	3.25	0.705	−0.283	−0.779
	A24	大多数成员没有拘束地讨论	2	4	3.22	0.707	−0.342	−0.964
	A25	团队内部成员间相互帮助	2	5	3.21	0.711	−0.271	−0.899
	A26	团队成员之间坦诚相待	2	4	3.36	0.639	−0.492	−0.665
团队内社会资本认知	A31	团队成员对专业术语的理解	2	5	3.29	0.654	−0.241	−0.555
	A32	团队成员对专业符号的理解	2	5	3.28	0.646	−0.199	−0.513
	A33	团队成员熟练掌握工具程度	2	5	3.22	0.685	−0.193	−0.669
	A34	团队成员的行为规范一致	2	5	3.09	0.689	−0.062	−0.745
	A35	团队成员价值观念一致	2	4	2.98	0.694	0.029	−0.915
	A36	团队成员对目标看法的一致	2	4	2.98	0.667	0.025	−0.736
	A37	对团队发展前景看法的一致	2	4	2.98	0.671	0.018	−0.769
	A38	对关键决策的共识	2	4	2.96	0.670	0.047	−0.764
团队外社会资本	B12	与专业协会的联系	1	5	3.42	0.813	−0.089	−0.371
	B16	团队中有成员在行政部门任职	2	5	3.55	0.838	−0.128	−0.545
	B17	与其他相关方的联系	2	5	3.54	0.839	−0.140	−0.545
	B18	是否经常请专家来指导	2	5	3.55	0.846	−0.149	−0.565
	B19	是否经常去参加学术会议	1	5	3.46	0.808	−0.274	−0.352
知识获取能力	C11	关注研究领域的新知识	2	5	3.43	0.766	−0.073	−0.396
	C12	辨识利于本团队发展的知识	2	5	3.39	0.769	−0.086	−0.453
	C13	迅速获取所需知识	2	5	3.25	0.701	−0.283	−0.762
	C14	容易获取所需知识	2	5	3.23	0.711	−0.258	−0.811
知识消化能力	C21	大多数团队成员知识不断更新	2	5	3.17	0.697	−0.127	−0.717
	C22	团队内部的交流网络	2	5	3.29	0.710	−0.117	−0.472
	C23	团队内部的交流制度	2	5	3.15	0.717	−0.179	−0.929
	C24	团队学习新知识的速度	2	5	3.14	0.727	−0.179	−0.983

续表

维度	编号	测量指标	最小值	最大值	均值	标准差	偏度	峰度
知识转化能力	C31	团队成员新旧知识整合	2	5	2.99	0.686	0.071	−0.682
	C32	团队形成新观点和想法	2	5	2.99	0.697	0.073	−0.763
	C33	围绕目标任务整合知识	2	4	2.88	0.693	0.168	−0.912
	C34	提出解决问题的措施	2	4	2.89	0.692	0.154	−0.908
知识利用能力	C41	科研水平	2	4	2.89	0.651	0.109	−0.652
	C42	成果转化	2	4	2.84	0.649	0.173	−0.670
	C43	承担的项目	2	4	2.79	0.646	0.226	−0.681
	C44	知识利用氛围	2	4	2.77	0.647	0.266	−0.700
团队绩效	D11	科研成果的水平	2	4	3.02	0.674	−0.022	−0.784
	D12	目标完成情况	2	5	3.40	0.646	−0.256	−0.387
	D13	团队成员对项目结果的满意度	2	4	3.13	0.695	−0.174	−0.921
	D14	团队的知名度和影响力	2	5	3.27	0.746	−0.156	−0.662
	D15	团队成员在该团队中的成长	2	5	3.20	0.716	−0.156	−0.747
	D21	对合作的过程满意	2	4	3.15	0.690	−0.207	−0.895

根据表 6.5 的统计结果发现，各测量题项的均值基本在 2.5~3.5，没有出现异常状况。当偏度绝对值小于 3，且峰度绝对值小于 10 时，表明测量数据基本符合正态分布，可以继续进行下一步的分析。

四、效度和信度分析概述

效度是指能测到该测量所欲测心理或行为特质到何种程度。效度可分为内容效度、效标关联效度、建构效度三种，建构效度建立在理论的逻辑分析基础上，是一种相对比较严谨的效度检验方法。建构效度的检验步骤包括：第一，建立假设性理论建构；第二，根据理论基础编制测试量表并测试；第三，用统计方法对测量数据进行分析，检验该量表是否能有效测量理论建构上所要测量的特质。检验建构效度的最常用方法为因素分析法，因素分析法有探索性因子分析和验证性因子分析两类，探索性因子分析一般用于在预测试量表中所要建构的效度，以建构因素层面，用最少的层面解释全部最大的总变异量。

本书首先利用探索性因子分析根据测试获取的前 150 个数据对量表进行探索性因子分析，保证量表的建构效度。具体程序是：①根据 KMO（Kaiser-Meyer-Olkin measure of sampling adequacy）值的大小看是否适合进行因素分析，根据 Kaiser（1974）的观点，KMO 值大于 0.9，表明极适合进行因素分析；若 KMO 值在 0.8 以上，表明适合进行因素分析；若 KMO 值在 0.7 以上，表明尚可进行因素分析；

若 KMO 值在 0.6 以上，表明勉强可进行因素分析；若 KMO 值为 0.5 以下，则不适合进行因素分析。②选定测量题项，采用主成分分析法萃取共同因素，保留特征值大于 1 的因素，根据 Kaiser（1974）的观点，保留特征值大于 1 的因素，抽取的共同因素累积解释变异量大于 60%为宜。③因素结构的检验。删除的题项包括，虽然聚集在一个因素下面，但无法代表该因素的内涵；聚集的测量题项不足三个的删除；删除交叉符合较高的题项。然后根据各因素构念包含的题项特征给各因素命名。

信度可被认为是真实分数的方差与观察分数的方差的比例。在做完了探索性因子分析之后，为了检验量表的可靠性和稳定性，须做信度检验。一般可用重测信度、复本信度、分半信度和内部一致性信度来判断量表的信度。Cronbach's α 系数属于内部一致性信度的一种，最常用于利克特式量表。综合考虑各种方法的优缺点，确定使用 α 信度系数。吴明隆（2010）指出，在社会科学研究领域，α 信度系数的使用率很高，如果一个量表有高的内部一致性，则有较高的 α 值。α 信度系数值等于 0.7 是一个较低的但可以接受的量表边界值。若 $0.8<\alpha$ 信度系数值 <0.9，表示信度佳；α 信度系数值 >0.9，表示信度非常理想。

验证性因子分析是要验证通过探索性因子分析建立的量表建构效度的适切性和真实性，是探究通过探索性因子分析得出的量表的因素结构是否与实际收集到的数据契合，即观察变量是否可以有效地作为构念的测量变量。验证性因子分析归属于结构方程模型的一种，分析的程序如下：①利用探索性因子分析的结果作为构建的模型，用 318 个数据，利用 AMOS7.0 软件，得出标准路径图和拟合指数。②对输出的报表进行违规估计，就是看模型内统计所输出的估计系数是否超出了可接受的范围，有负的误差方差存在或标准化系数超过或者太接近 1 的项目为违规项目。③对于输出的报表，做模型拟合方面的评估，若模型拟合度越高，则预设模型的可用程度越高，相关参数的估计就越有意义。一般以卡方（χ^2）来进行检验，以卡方值 $P>0.05$ 来判断模型的拟合度，但是卡方统计量对样本大小非常敏感，因此还需综合考虑以下几个指标，见表 6.6。④在 AMOS 输出的报表中找到修正指标（modification indices，MI）值，找到误差变量之间最大的项，建立它们之间的联系，在修正模型时不能与理论相矛盾。⑤得到可以接受的模型，并对模式的统计结果做出解释。⑥验证高阶模型的拟合程度。本书利用大规模数据 318 个对各量表进行验证性因子分析，验证性因子分析是以特定的理论或概念模型为基础，用已有的数据去检验概念模型，通过对模型的修正，使修正后的模型与实际数据吻合较好。

表 6.6　结构方程模型拟合指数表

拟合指标	判断准则
卡方自由度比（χ^2/df）	小于 1 时，表模型适配过度 大于 3 或是 5 时，表模型适配度不佳，需修正 [1，3]或[1，5]，表模型适配度可接受
适配度指数 （goodness of fit index，GFI）	越接近 1，表模型适配度越佳 大于 0.9 或大于 0.8，表模型适配度可接受
调整后的适配度指数 （goodness of fit index adjusted，AGFI）	越接近 1，表模型适配度越佳 大于 0.9 或大于 0.8，表模型适配度可接受
比较拟合指数（comparative fit index，CFI）	越接近 1，表模型适配度越佳 大于 0.9 或大于 0.8，表模型适配度可接受
基准化适合度指标（normed fit index，NFI）	越接近 1，表模型适配度越佳 大于 0.9，表模型适配度可接受
渐进残差均方和平方根 （root mean square error of approximation，RMSEA）	小于 0.05 时，表模型适配佳 [0.05，0.08]，表模型适配度尚可 小于 0.1，也可接受

资料来源：吴明隆（2010）

第二节　团队内社会资本的测量模型效度和信度

一、团队内社会资本的探索性因子分析

采用 150 份调查的数据进行探索性因子分析，以获得一个较适宜的因子结构。做 KMO 和 Bartlett 的检验，若大于 0.7 表示适合做因子分析；用最大方差旋转的主成分分析法做因子分析，得到因子累计解释数据中总方差的百分比；要通过因子旋转成分矩阵得出因子结构，据此对题项进行调整，再次按上述步骤进行，直到得出清晰的因子结构。

当 KMO 值越大时，表明变量之间的共同因素越多，越适合进行因素分析，根据学者 Kaiser（1974）的观点，如果 KMO 的值小于 0.5 时，较不宜进行因素分析，表 6.7 为团队内社会资本量表进行 KMO 和 Bartlett 的检验结果，此处的 KMO 值为 0.920，表示适合进行因素分析。

表 6.7 团队内社会资本量表进行 KMO 和 Bartlett 的检验结果

取样足够度的 KMO 度量		0.920
Bartlett 的球形度检验	近似卡方	4074
	自由度	210
	显著性	0.000

本书通过 SPSS16.0 作为分析工具，使用最大方差旋转的主成分分析法做因子分析，考虑到团队内社会资本的经典测量模型，笔者将因子的提取数限定为 3，分析结果见表 6.8，所提取的三个因子累计解释的变异量为 64.488%，第一个特征值的解释变异量为 44.451%，第二个特征值的解释变异量为 11.084%，第三个特征值的解释变异量为 8.953%。

表 6.8 团队内社会资本量表解释的总方差

成分	初始特征值			转轴平方和负荷量		
	总和	方差贡献率	累计方差贡献率	总和	方差贡献率	累计方差贡献率
1	6.618	44.451%	44.451%	2.656	17.838%	17.838%
2	1.650	11.084%	55.534%	4.315	28.979%	46.817%
3	1.333	8.953%	64.488%	2.631	17.671%	64.488%

表 6.9 是团队内社会资本的探索性因素分析结果，可以看出，各题目在相应的维度上都有 0.6 以上的符合且没有明显的交叉符合现象。所以探索的结果是团队内社会资本可能是由三个因素组成的，分别命名为团队内社会资本结构（包含 7 个测量题项）、团队内社会资本认知（包含 8 个测量题项）、团队内社会资本关系（包含 6 个测量题项）。

表 6.9 团队内社会资本的探索性因素分析结果

因子	题项	成分		
		1	2	3
团队内社会资本结构	A16	0.803	0.146	0.241
	A11	0.783	0.199	0.218
	A13	0.783	0.166	0.221
	A14	0.778	0.251	0.212
	A15	0.773	0.151	0.264
	A12	0.769	0.163	0.242
	A17	0.695	0.219	0.240

续表

因子	题项	成分		
		1	2	3
团队内社会资本认知	A35	0.214	0.787	0.105
	A34	0.178	0.781	0.207
	A36	0.294	0.764	0.051
	A33	0.055	0.739	0.163
	A37	0.220	0.732	0.075
	A38	0.285	0.710	0.025
	A32	0.112	0.696	0.239
	A31	0.013	0.667	0.230
团队内社会资本关系	A23	0.226	0.089	0.805
	A21	0.175	0.155	0.783
	A22	0.231	0.179	0.713
	A26	0.249	0.074	0.701
	A25	0.260	0.266	0.691
	A24	0.284	0.198	0.676

二、团队内社会资本的信度分析

本书用 Cronbach's α 系数来检验量表的可靠性和稳定性，使用调研的 150 个数据检查总量表的信度及各分量表的信度。由表 6.10 可看出，每一维度的 Cronbach's α 系数均大于 0.7，问卷整体的 Cronbach's α 系数为 0.930，21 个题项组成的团队内社会资本具有比较好的内部一致性信度。

表 6.10　团队内社会资本各因素与总体的内部一致性信度

信度	团队社会资本结构	团队社会资本认知	团队社会资本关系	总体
Cronbach's α 系数	0.876	0.900	0.922	0.930

三、团队内社会资本的一阶测量模型的验证

在探索性因子分析的基础上，我们对变量的因子结构有了界定，并对因子进行了命名，然后用验证性因子分析来验证或进一步确认这些因子是否可以代表此变量。观察变量受到某一潜在因子的影响，称为一阶因子。本书以正式调研得到的 318 个数据为基础，进行验证性因子分析，以探索性因子分析得出的 21 个题项为初始测量模型，利用 AMOS7.0 软件进行数据的处理，得出团队内社会资本初始一阶测量模型验证性因子分析结果，见图 6.1，团队内社会资本一阶测量初始模

型的拟合度检验指标见表 6.11。

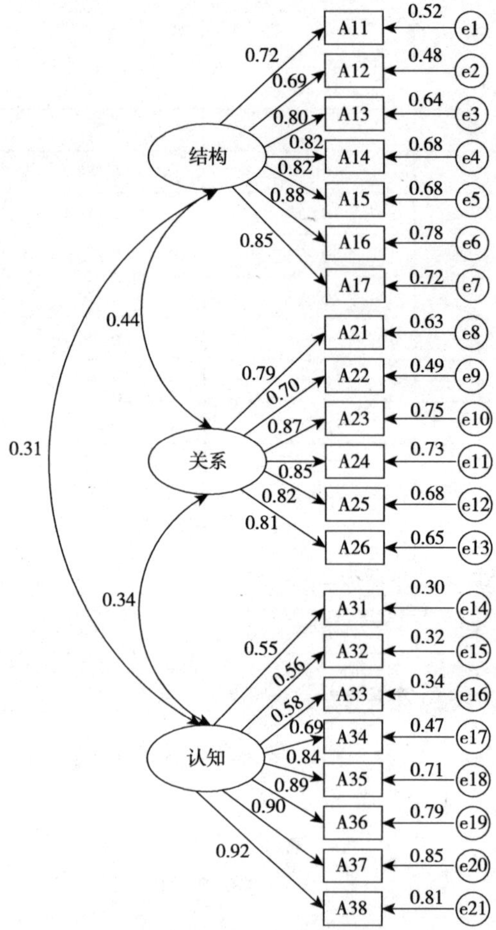

图 6.1　团队内社会资本初始一阶测量模型的验证性因子分析结果

表 6.11　团队内社会资本一阶测量初始模型的拟合度检验

模型	χ^2	df	χ^2/df	GFI	AGFI	CFI	NFI	RMSEA
初始模型	1000.319	186	5.378	0.767	0.711	0.847	0.819	0.118

据表 6.11，总体看来模型拟合可以接受，但并不是特别的好，χ^2/df 大于 5，GFI 和 AGFI 虽然接近 0.8 但还不到，RMSEA 为 0.118，是大于 0.1 的。所以根据 AMOS 输出结果中的修正指数，对模型进行修正，根据 MI 的输出结果，【M.I.】为修正指标值，【Par Change】为估计参数改变量。每次都选择修正指数较高的题项，但其前提是界定两者相关不违背结构方程模型（structural equation modeling,

SEM）的假定，且具有理论上的意义。依据此原则先后对 A11 与 A12、A31 与 A32、A32 与 A33、A31 与 A33、A33 与 A35、A24 与 A25 建立误差变量的关联，每一次修正都得到一个新的模型，对于模型修改过程中的误差关联可以用题项之间的关联来解释，A11（团队内的小圈子）与 A12（小圈子间的联系）很显然存在着联系；A31（团队成员对专业术语的理解）、A32（团队成员对专业符号的理解）与 A33（团队成员熟练掌握工具程度）3 个题项的误差变量关联，对于实际运行的高校科研团队来讲，团队成员掌握的专业术语、专业符号和专业工具之间也应该呈显著的正相关，因此在修正的模型中把三者联结起来；A33（团队成员熟练掌握工具程度）与 A35（团队成员价值观念一致）之间有关联，因为团队成员的价值观念支配和影响着其学习的行为和学习的效果，因此二者之间呈现关联关系；A24（大多数成员没有拘束地讨论）与 A25（团队内部成员间相互帮助）的联系在科研团队实际运行中是存在的，团队成员间越是熟悉，越是很自在的讨论问题，其相互帮助的可能性就越大，相反，成员之间互相不熟悉甚至不认识，其相互帮助的可能性就会小，因此在二者之间建立关联不违背理论逻辑。

表 6.12 是对团队内社会资本一阶测量初始模型的调整过程，经过多次修正后，可以看出模型 6 较初始模型有了很大的改观，随着观察变量之间关系的不断加入，模型的拟合状况一步一步在好转，最后到模型 6 时，χ^2/df 的值下降到 2.290，小于 3；GFI、AGFI、CFI、NFI 都接近或超过 0.9；RMSEA 为 0.064，小于 0.1。表明模型拟合状况良好。所以确定模型 6 为最终的团队内社会资本的一阶模型，一阶模型的验证性因子分析结果见图 6.2。

表 6.12　对团队内社会资本一阶测量初始模型的调整过程

模型	χ^2	df	χ^2/df	GFI	AGFI	CFI	NFI	RMSEA
初始模型	1000.319	186	5.378	0.767	0.711	0.847	0.819	0.118
修正模型 1	750.487	185	4.057	0.802	0.753	0.894	0.864	0.098
修正模型 2	629.462	184	3.421	0.839	0.798	0.916	0.886	0.087
修正模型 3	586.298	183	3.204	0.851	0.812	0.924	0.894	0.083
修正模型 4	546.910	182	3.005	0.861	0.823	0.931	0.901	0.080
修正模型 5	433.528	181	2.395	0.883	0.850	0.952	0.921	0.066
修正模型 6	412.252	180	2.290	0.889	0.858	0.956	0.925	0.064

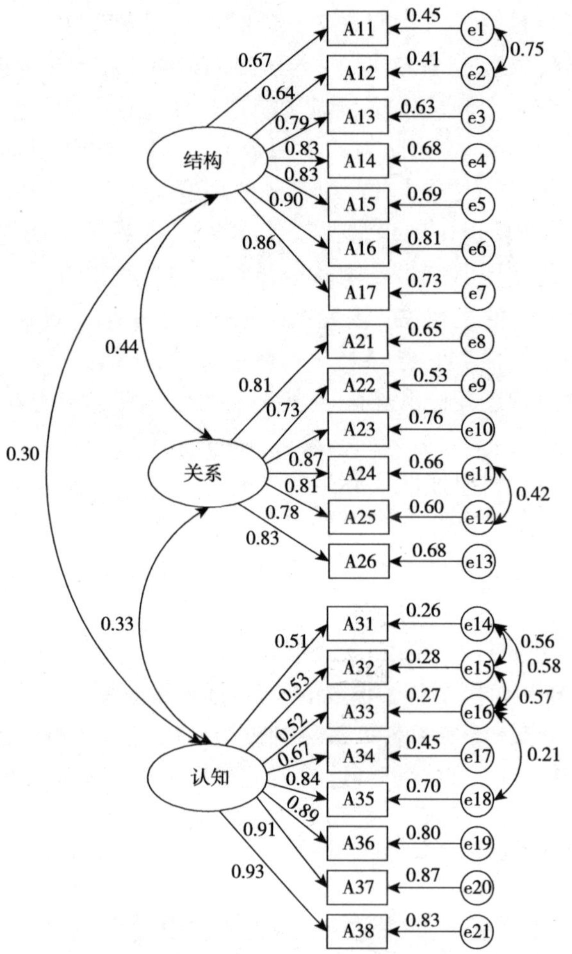

图 6.2　团队内社会资本的最终一阶模型的验证性因子分析结果

四、团队内社会资本的二阶测量模型的验证

在本书中之所以提出二阶验证性因子分析，是因为在一阶验证性因子分析中发现团队内社会资本结构、团队内社会资本关系与团队内社会资本认知之间相关，而且一阶验证性因子分析模型可以和数据很好地适配，因此假设三个一阶因素可以测量更高一阶的因子即团队内社会资本。按照一阶测量模型的分析结果，进行团队内社会资本的二阶模型的验证，验证结果如下：团队内社会资本初始二阶模型的验证性因子分析结果见图 6.3,团队内社会资本二阶测量模型分析的拟合度见表 6.13。

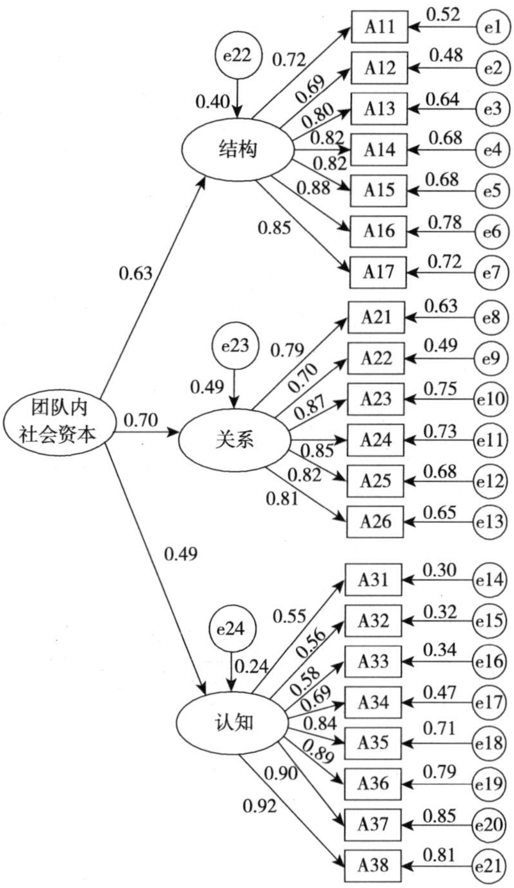

图 6.3　团队内社会资本初始二阶模型的验证性因子分析结果

表 6.13　团队内社会资本二阶测量模型分析的拟合度检验

模型	χ^2	df	χ^2/df	GFI	AGFI	CFI	NFI	RMSEA
初始模型	1000.319	186	5.378	0.767	0.711	0.847	0.819	0.118

总体看来模型拟合可以接受，但并不是特别的好，χ^2/df 大于 5，GFI 和 AGFI 虽然接近 0.8 但还不到，RMSEA 为 0.118，是大于 0.1 的。所以根据 AMOS 输出结果中的修正指数，对模型进行修正，根据 MI 的输出结果，【M.I.】为修正指标值，【Par Change】为估计参数改变量。每次都选择修正指数较高的题项，但其前提是界定两者相关不违背 SEM 的假定，且具有理论上的意义。依据此原则先后对 A11 与 A12、A31 与 A32、A32 与 A33、A31 与 A33、A33 与 A35、A24 与 A25 建立误差变量的关联，每一次修正都得到一个新的模型，对于模型修改过程中的误差关联可以用题项之间的关联来解释,解释的过程见一阶因子的修正过程。

表 6.14 是对团队内社会资本二阶测量初始模型的调整过程，经过多次修正后，可以看出模型 6 较初始模型有了很大的改观，随着观察变量之间关系的不断加入，模型的拟合状况一步一步在好转，最后到模型 6 时，χ^2/df 的值下降到 2.290，小于 3；GFI、AGFI、CFI、NFI 都接近或超过 0.9；RMSEA 为 0.064，小于 0.1。表明模型拟合状况良好。所以确定模型 6 为最终的团队内社会资本的二阶模型，二阶模型的验证性因子分析结果见图 6.4。

表 6.14　对团队内社会资本二阶测量初始模型的调整过程

模型	χ^2	df	χ^2/df	GFI	AGFI	CFI	NFI	RMSEA
初始模型	1000.319	186	5.378	0.767	0.711	0.847	0.819	0.118
修正模型 1	750.487	185	4.057	0.802	0.753	0.894	0.864	0.098
修正模型 2	629.462	184	3.421	0.839	0.798	0.916	0.886	0.087
修正模型 3	586.298	183	3.204	0.851	0.812	0.924	0.894	0.083
修正模型 4	546.910	182	3.005	0.861	0.823	0.931	0.901	0.080
修正模型 5	433.528	181	2.395	0.883	0.850	0.952	0.921	0.066
修正模型 6	412.252	180	2.290	0.889	0.858	0.956	0.925	0.064

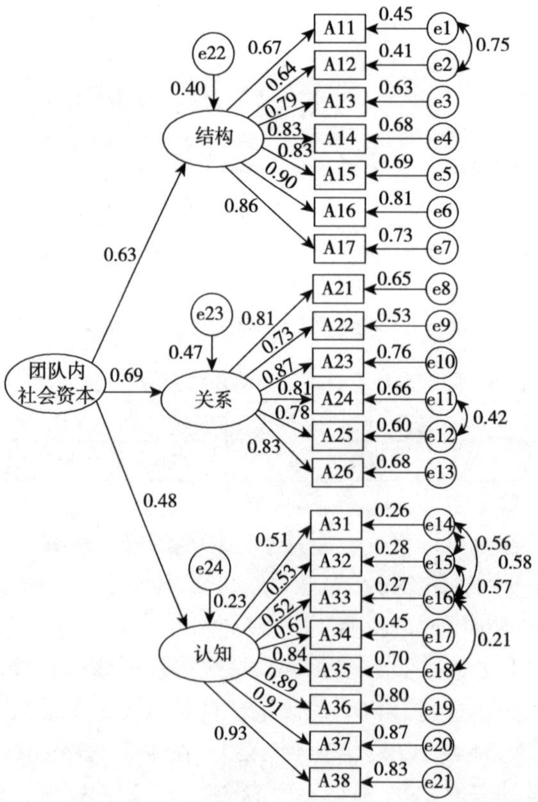

图 6.4　团队内社会资本的最终二阶模型的验证性因子分析结果

第三节　团队外社会资本的测量模型效度和信度

一、团队外社会资本的探索性因子分析

采用150份调查的数据进行探索性因子分析,以获得一个较适宜的因子结构。首先做KMO和Bartlett的检验，若大于0.7表示适合做因子分析；用最大方差旋转的主成分分析法做因子分析，得到因子累计解释数据中总方差的百分比；通过因子旋转成分矩阵得出因子结构，据此对题项进行调整，再次按上述步骤进行，直到得出清晰的因子结构。

首先把问卷中该部分的经过按专家意见调整后的 5 个题项一并选入，进行KMO和Bartlett的检验，结果见表6.15。

表6.15　团队外社会资本量表进行KMO和Bartlett检验的结果

取样足够度的KMO度量		0.865
Bartlett的球形检验	近似卡方	339.483
	自由度	10
	显著性	0.000

当KMO值越大时，表明变量之间的共同因素越多，越适合进行因素分析，根据学者Kaiser(1974)的观点，如果KMO的值小于0.5时，较不宜进行因素分析，此处的KMO值为0.865，表示适合进行因素分析。

本书通过SPSS16.0作为分析工具,使用最大方差旋转的主成分分析法做因子分析，分析结果见表6.16，保留特征根大于1的因子，共提取出一个因子，解释变异量为 65.124%，命名该因子为团队外社会资本。团队外社会资本的探索性因素分析结果见表6.17。

表6.16　团队外社会资本量表解释的总方差

成分	初始特征值			转轴平方和负荷量		
	总和	方差贡献率	累计方差贡献率	总和	方差贡献率	累计方差贡献率
1	3.256	65.124%	65.124%	3.256	65.124%	65.124%

表 6.17 团队外社会资本的探索性因素分析结果

题项	成分
	1
B12	0.670
B17	0.858
B16	0.851
B18	0.852
B19	0.789

二、团队外社会资本的信度分析

本书用 Cronbach's α 系数来检验量表的可靠性和稳定性，使用预调研的 150 个数据检查量表的信度。由表 6.18 可看出，Cronbach's α 系数大于 0.7，5 个题项组成的团队外社会资本具有比较好的内部一致性信度。

表 6.18 团队外社会资本量表总体的内部一致性信度

信度	团队外社会资本量表
Cronbach's α 系数	0.862

三、团队外社会资本一阶测量模型的验证

在探索性因子分析的基础上，我们对变量的因子结构有了界定，并对因子进行了命名，然后用验证性因子分析，用来验证或进一步确认这些因子是否可以代表此变量。本书以正式调研得到的 318 个数据为基础，进行验证性因子分析。

以探索性因子分析得出的 5 个题项为初始测量模型，利用 AMOS7.0 软件进行数据的处理，得出了团队外社会资本初始测量模型的验证性因子分析结果见图 6.5，团队外社会资本测量模型分析的拟合度检验指标见表 6.19。

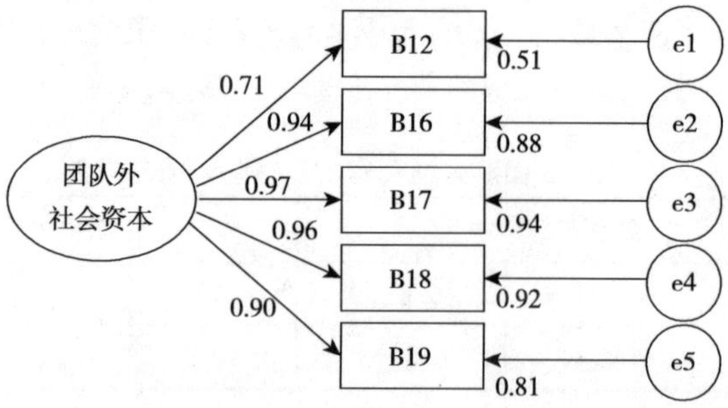

图 6.5 团队外社会资本初始测量模型的验证性因子分析结果

表 6.19 团队外社会资本测量模型分析的拟合度检验

模型	χ^2	df	χ^2/df	GFI	AGFI	CFI	NFI	RMSEA
初始模型	23.5	5	4.7	0.973	0.918	0.991	0.988	0.108

总体看来模型拟合可以接受，但并不是特别的好，χ^2/df 值为 4.7，虽然小于 5，但也很高了。GFI、AGFI、CFI、NFI 都大于 0.9 接近于 1，说明模型总体不错，RMSEA 为 0.108，是大于 0.1 的。所以根据 AMOS 输出结果中的修正指数，对模型进行修正，根据 MI 的输出结果，【M.I.】为修正指标值，【Par Change】为估计参数改变量。选择修正指数较高的题项，但其前提是界定两者相关不违背 SEM 的假定，且具有理论上的意义。依据此原则对 B18（是否经常请专家来指导）与 B19（是否经常去参加学术会议）建立了联结，这在现实团队运行中是成立的，因为交流是双向的，团队和外部的专家联系多了，自然出去参加各种学术会议的机会就增多，因此联结这两个题项不违背其内在逻辑。经过一次修正后为表 6.20，可以看出修正模型较初始模型有了很大的改观，随着观察变量之间关系的加入，模型的拟合状况进一步好转，χ^2/df 的值下降到 2.255，小于 3；GFI、AGFI、CFI、NFI 都超过 0.9 且接近于 1；RMSEA 为 0.063，小于 0.1。表明模型拟合状况良好。所以确定修正模型为最终的团队外社会资本的一阶模型，一阶模型的验证性因子分析结果见图 6.6。

表 6.20 对团队外社会资本测量初始模型的调整过程

模型	χ^2	df	χ^2/df	GFI	AGFI	CFI	NFI	RMSEA
初始模型	23.50	5	4.7	0.973	0.918	0.991	0.988	0.108
修正模型	9.02	4	2.255	0.989	0.958	0.997	0.995	0.063

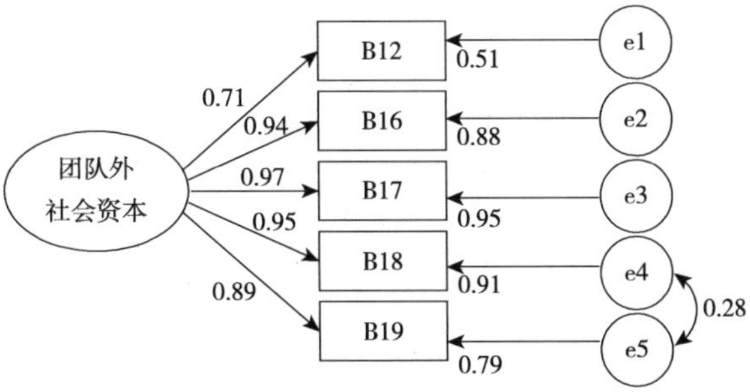

图 6.6 团队外社会资本最终一阶模型的验证性因子分析结果

本书试图将团队内社会资本和团队外社会资本放在一起，寻找这两个因子背后是否还有共同的因子，于是将团队内社会资本和团队外社会资本放在一个模型中，模型不拟合，运行不出结果，说明模型极差，团队内社会资本和团队外社会资本相关系数很低，这和前文中探讨的团队内社会资本与团队外社会资本分别对团队绩效的形成起不同的作用是相符的，因此在书中分别检验知识吸收能力在团队内社会资本及团队外社会资本和团队绩效间的中介作用。

第四节　知识吸收能力的测量模型的效度和信度

一、知识吸收能力的探索性因子分析

采用150份调查的数据进行探索性因子分析,以获得一个较适宜的因子结构。首先做KMO和Bartlett的检验，若大于0.7表示适合做因子分析；然后用最大方差旋转的主成分分析法做因子分析，得到因子累计解释数据中总方差的百分比；要通过因子旋转成分矩阵得出因子结构，据此对题项进行调整，再次按上述步骤进行，直到得出清晰的因子结构。当KMO值越大时，表明变量之间的共同因素越多，越适合进行因素分析，根据学者Kaiser（1974）的观点，如果KMO的值小于0.5时，较不宜进行因素分析，知识吸收能力量表进行KMO和Bartlett检验的结果见表6.21，此处的KMO值为0.881，表示适合进行因素分析。

表6.21　知识吸收能力量表进行KMO和Bartlett检验的结果

取样足够度的KMO度量		0.881
Bartlett的球形度检验	近似卡方	1253.726
	自由度	120
	显著性	0.000

本书通过SPSS16.0作为分析工具,使用最大方差旋转的主成分分析法做因子分析，结果见表6.22，考虑到知识吸收能力的测量模型，笔者将因子的提取数限定为4，所提取的四个因子累计解释变异量为69.377%，第一个特征值的解释变异量为42.286%，第二个特征值的解释变异量为11.077%，第三个特征值的解释变异量为8.707%，第四个特征值的解释变异量为7.308%。

表6.22　知识吸收能力量表解释的总方差

成分	初始特征值			转轴平方和负荷量		
	总和	方差贡献率	累计方差贡献率	总和	方差贡献率	累计方差贡献率
1	6.766	42.286%	42.286%	6.766	42.286%	42.286%
2	1.772	11.077%	53.362%	1.772	11.077%	53.362%
3	1.393	8.707%	62.069%	1.393	8.707%	62.069%
4	1.169	7.308%	69.377%	1.169	7.308%	69.377%

表 6.23 是知识吸收能力探索性因素分析结果，从中可以看出，知识吸收能力可能是由四个因素组成的，分别命名为知识获取（包含 4 个测量题项）、知识消化（包含 4 个测量题项）、知识转化（包含 4 个测量题项）和知识利用（包含 4 个测量题项）。

表 6.23 知识吸收能力探索性因素分析结果

因子	题项	成分			
		1	2	3	4
知识获取	C11	0.681	0.157	0.234	0.265
	C12	0.772	0.060	0.182	0.299
	C13	0.831	0.213	0.178	0.126
	C14	0.842	0.299	0.159	0.071
知识消化	C21	0.170	−0.051	0.789	0.138
	C22	0.125	0.105	0.764	0.207
	C23	0.127	0.156	0.821	0.135
	C24	0.311	0.314	0.680	0.144
知识转化	C31	0.156	0.694	0.077	0.315
	C32	0.048	0.840	0.147	0.092
	C33	0.315	0.659	0.070	0.105
	C34	0.162	0.766	0.101	0.187
知识利用	C41	0.409	0.484	0.106	0.486
	C42	0.174	0.264	0.257	0.792
	C43	0.243	0.191	0.188	0.786
	C44	0.154	0.157	0.163	0.770

二、知识吸收能力的信度分析

本书用 Cronbach's α 系数来检验量表的可靠性和稳定性，使用预调研的 150 个数据检查总量表的信度及各分量表的信度。

由表 6.24 可看出，每一维度的 Cronbach's α 系数均大于 0.7，问卷整体的 Cronbach's α 系数为 0.906，16 个题项组成的知识吸收能力具有比较好的内部一致性信度。

表 6.24 知识吸收能力各因素与总体的内部一致性信度

信度	知识获取	知识消化	知识转化	知识利用	总体
Cronbach's α 系数	0.868	0.828	0.804	0.845	0.906

三、知识吸收能力的一阶测量模型的验证

在探索性因子分析的基础上，我们对变量的因子结构有了界定，并对因子进行了命名，然后用验证性因子分析，用来验证或进一步确认这些因子是否可以代

表此变量。本书以正式调研得到的318个数据为基础，进行验证性因子分析，以探索性因子分析得出的16个题项为初始测量模型，利用AMOS7.0软件进行数据的处理，得出知识吸收能力一阶测量初始模型的拟合度检验指标，见表6.25；知识吸收能力初始一阶模型的验证性因子分析结果见图6.7。

表6.25 知识吸收能力一阶测量初始模型的拟合度检验

模型	χ^2	df	χ^2/df	GFI	AGFI	CFI	NFI	RMSEA
初始模型	193.894	98	1.979	0.932	0.905	0.969	0.940	0.056

总体看来模型拟合可以接受，χ^2/df为1.979，小于3；GFI、AGFI、CFI、NFI都大于0.9接近1，RMSEA为0.056，小于0.1。从各个指标来看，模型显示拟合理想。

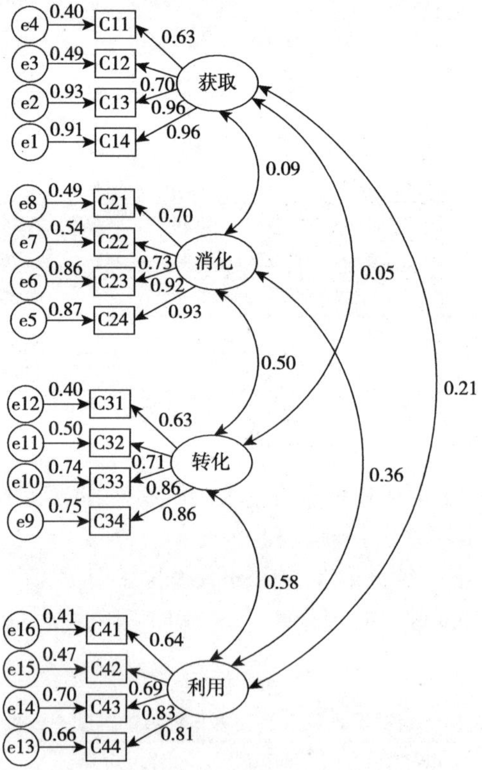

图6.7 知识吸收能力初始一阶模型的验证性因子分析结果

四、知识吸收能力的二阶测量模型的验证

观察变量受到某一潜在因子的影响，称为一阶因子，这些潜在因子可能又受到某些共同因子的影响，即一阶因子背后有更高层次的共同因子，称为二阶因子，

涉及二阶因子验证性因子分析的称为高阶验证性因子分析。在本书中之所以提出二阶验证性因子分析，是因为在一阶验证性因子分析中发现知识获取、知识消化、知识转化、知识利用四个因子之间有相关关系，而且一阶验证性因子分析模型可以和数据很好的适配，因此假设在四个一阶因素上再测量更高一阶的因子即知识吸收能力。按照一阶测量模型的分析结果，进行知识吸收能力的二阶模型的验证，验证结果如下：知识吸收能力二阶测量模型分析的拟合度检验见表 6.26，知识吸收能力二阶模型的验证性因子分析结果见图 6.8。

表 6.26　知识吸收能力二阶测量模型分析的拟合度检验

模型	χ^2	df	χ^2/df	GFI	AGFI	CFI	NFI	RMSEA
初始模型	202.245	100	2.022	0.929	0.904	0.966	0.937	0.057

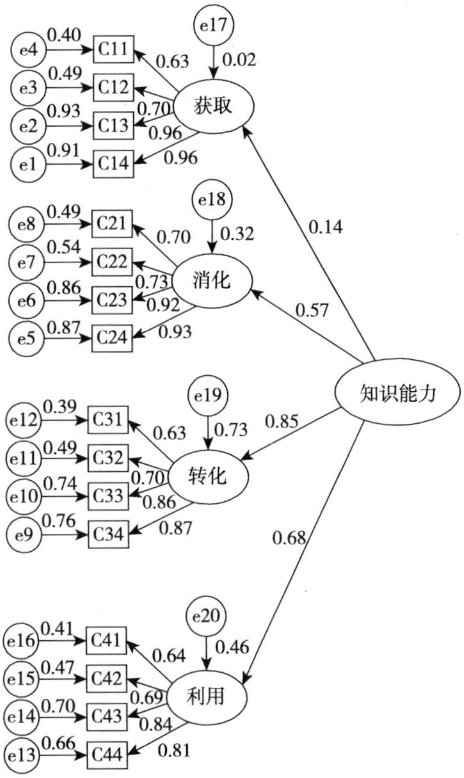

图 6.8　知识吸收能力二阶模型的验证性因子分析结果

总体看来模型拟合可以接受，χ^2/df 值为 2.022，小于 3，GFI、AGFI、CFI、NFI 都大于 0.9 接近 1，RMSEA 为 0.057，小于 0.1。从各个指标来看，模型显示拟合理想。

第五节　团队绩效的测量模型的效度和信度

一、团队绩效的探索性因子分析

采用 150 份调查的数据进行探索性因子分析,以获得一个较适宜的因子结构。做 KMO 和 Bartlett 的检验，若大于 0.7 表示适合做因子分析；用最大方差旋转的主成分分析法做因子分析，得到因子累计解释数据中总方差的百分比；要通过因子旋转成分矩阵得出因子结构，据此对题项进行调整，再次按上述步骤进行，直到得出清晰的因子结构。先把问卷中该部分的经过按专家意见调整后的 6 个题项一并选入，进行 KMO 和 Bartlett 检验，结果见表 6.27。

表 6.27　团队绩效量表进行 KMO 和 Bartlett 检验的结果

取样足够度的 KMO 度量		0.884
Bartlett 的球形度检验	近似卡方	386.546
	自由度	15
	显著性	0.000

当 KMO 值越大时，表明变量之间的共同因素越多，越适合进行因素分析，根据学者 Kaiser（1974）的观点，如果 KMO 的值小于 0.5 时，较不宜进行因素分析，此处的 KMO 值为 0.884，表示适合进行因素分析。

本书通过 SPSS16.0 作为分析工具,使用最大方差旋转的主成分分析法做因子分析，结果见表 6.28，保留特征根大于 1 的因子，共提取出一个因子，解释了变异量为 60.831%，命名该因子为团队绩效。团队绩效探索性因素分析结果见表6.29。

表 6.28　团队绩效量表解释的总方差

成分	初始特征值			转轴平方和负荷量		
	总和	方差贡献率	累计方差贡献率	总和	方差贡献率	累计方差贡献率
1	3.650	60.831%	60.831%	3.650	60.831%	60.831%

表 6.29　团队绩效探索性因素分析结果

因子	题项	成分
团队绩效	D11	0.742
	D12	0.704
	D13	0.823
	D14	0.801
	D15	0.831
	D21	0.770

二、团队绩效的信度分析

本书用 Cronbach's α 系数来检验量表的可靠性和稳定性，使用调研的 150 个数据检查量表信度。由表 6.30 可看出，Cronbach's α 系数大于 0.7，6 个题项组成的团队绩效量表具有比较好的内部一致性信度。

表 6.30　团队绩效量表总体的内部一致性信度

信度	团队绩效
Cronbach's α 系数	0.870

三、团队绩效测量模型的验证

在探索性因子分析的基础上，我们对变量的因子结构有了界定，并对因子进行了命名，然后用验证性因子分析，验证或进一步确认这些因子是否可以代表此变量。观察变量受到某一潜在因子的影响，称为一阶因子，本书以正式调研得到的 318 个数据为基础，进行验证性因子分析。以探索性因子分析得出的 6 个题项为初始测量模型，利用 AMOS7.0 软件进行数据的处理，得出团队绩效一阶测量初始模型的拟合度检验指标，见表 6.31；团队绩效初始一阶模型的验证性因子分析结果见图 6.9。

表 6.31　团队绩效一阶测量初始模型的拟合度检验

模型	χ^2	df	χ^2/df	GFI	AGFI	CFI	NFI	RMSEA
初始模型	70.416	9	7.824	0.926	0.828	0.912	0.901	0.148

总体看来模型拟合可以接受，但并不是特别的好，χ^2/df 值为 7.824，远远大于 5，GFI、AGFI、CFI、NFI 都接近或大于 0.9，RMSEA 为 0.148，是大于 0.1 的。所以根据 AMOS 输出结果中的修正指数，对模型进行修正，根据 MI 的输出结果，【M.I.】为修正指标值，【Par Change】为估计参数改变量。选择修正指数较高的题项，但其前提是界定两者相关不违背 SEM 的假定，且具有理论上的意义。

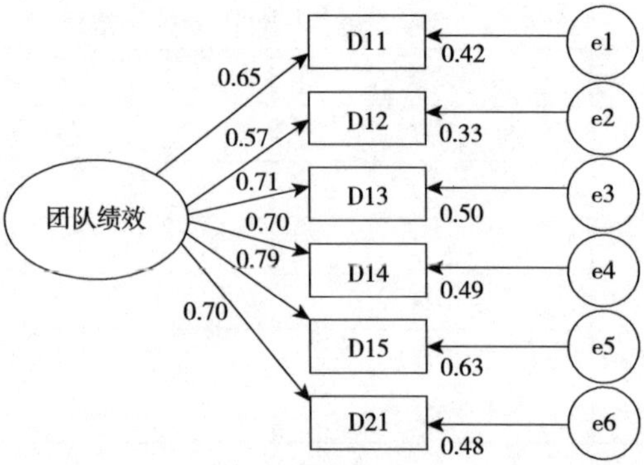

图 6.9　团队绩效初始一阶模型的验证性因子分析结果

依据此原则对 D14（团队的知名度和影响力）和 D15（团队成员在该团队中的成长）建立了联结，这在现实团队运行中是成立的，因为团队的知名度与影响力越高意味着团队成员的平台越高，机会越多，越有可能学到更多的本领和知识，较快的成长，若团队成员能在团队中快速成长，当然进一步促进团队的知名度与影响力。因此联结这两个题项不违背其内在逻辑。由表 6.32 可以看出，经过一次修正后，修正模型较初始模型有了很大的改观，随着观察变量之间关系的加入，模型的拟合状况进一步好转，χ^2/df 的值下降到 1.637，小于 3；GFI、AGFI、CFI、NFI 都超过 0.9 且接近于 1；RMSEA 为 0.045，小于 0.05。表明模型拟合状况良好。所以确定修正模型为最终的团队绩效的一阶模型，一阶模型的验证性因子分析结果见图 6.10。

表 6.32　团队绩效测量初始模型的调整过程

模型	χ^2	df	χ^2/df	GFI	AGFI	CFI	NFI	RMSEA
初始模型	70.416	9	7.824	0.926	0.828	0.912	0.901	0.148
修正模型	13.099	8	1.637	0.987	0.967	0.993	0.982	0.045

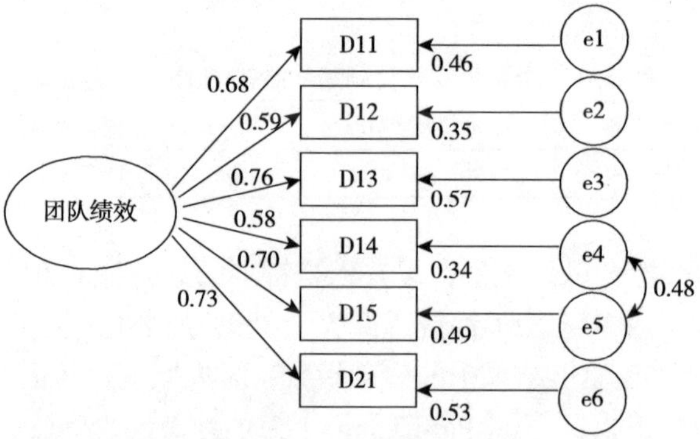

图 6.10　团队绩效最终一阶模型的验证性因子分析结果

第七章　变量交互影响的验证

测量不是管理学研究的目的，而是讨论变量间关系的手段。本章主要讨论变量间的关系：检验团队内社会资本对知识吸收能力的影响；团队外社会资本对知识吸收能力的影响；知识吸收能力对团队绩效的影响；团队内、外社会资本对团队绩效的影响；知识吸收能力在团队内社会资本、团队外社会资本与团队绩效之间的中介作用。

第一节　团队内社会资本与知识吸收能力的关系

依据本书前文的分析，团队内社会资本包括三个维度，假设 5-1a 和假设 5-1b 已经验证。知识吸收能力包括四个维度，假设 5-3a 和假设 5-3b 也已验证。为了进一步解释团队内社会资本与知识吸收能力之间的关系，本章先根据相关的研究提出假设，然后根据其假设，检验团队内社会资本对知识吸收能力的影响。利用 AMOS7.0 软件得到数据的处理结果，得出团队内社会资本对知识吸收能力（二阶）影响的拟合检验指标和团队内社会资本对知识吸收能力（二阶）影响的初始路径图。

一、团队内社会资本对知识吸收能力影响

本书在第五章第三节中以相关的研究为基础提出了假设 5-5：团队内社会资本对知识吸收能力有显著的正向影响。

依据第六章得到的因子的测量模型，团队内社会资本包括：结构、关系和认知三个维度，知识吸收能力包括知识获取能力、知识消化能力、知识转化能力和知识利用能力四个维度，根据假设 5-5 建立了表明二者二阶因子关系的模型，采用大规模调研得到的 318 个数据，利用 AMOS7.0 软件进行数据的处理，得出团

队内社会资本对知识吸收能力（二阶）影响的拟合检验指标，见表 7.1；团队内社会资本对知识吸收能力（二阶）影响的初始路径见图 7.1。

表 7.1 团队内社会资本对知识吸收能力（二阶）影响的拟合检验

模型	χ^2	df	χ^2/df	GFI	AGFI	CFI	NFI	RMSEA
初始模型	1687.426	621	2.717	0.779	0.750	0.877	0.819	0.074

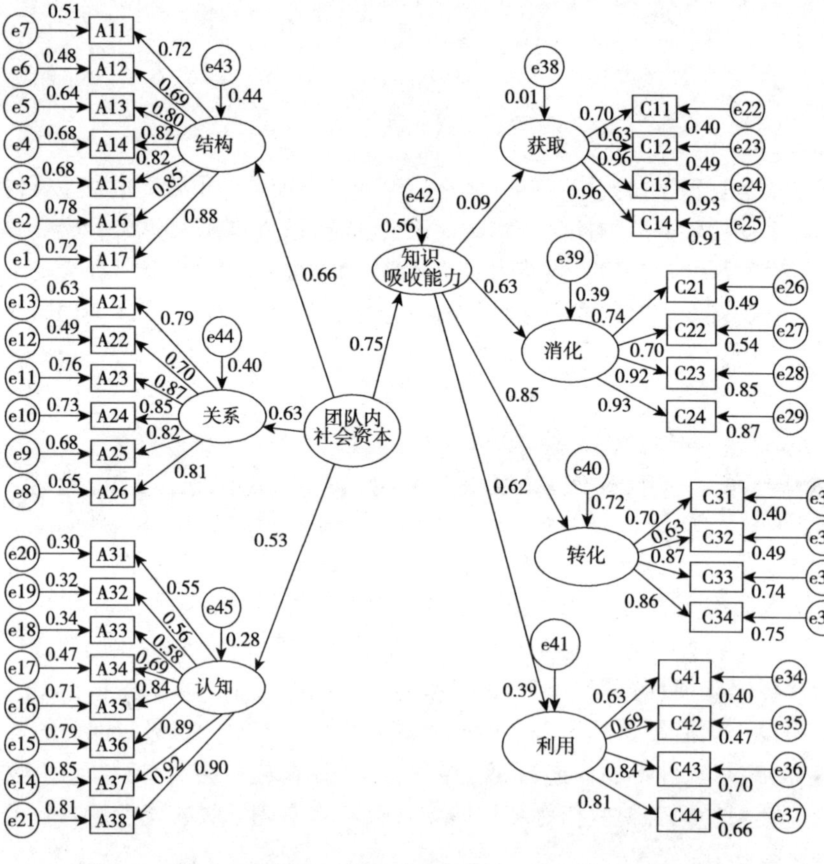

图 7.1 团队内社会资本对知识吸收能力（二阶）影响的初始路径图

总体看来模型拟合可以接受，但并不是特别的好。χ^2/df 值为 2.717，小于 3 是可以接受的；GFI 和 AGFI 虽然接近 0.8 但还不到；CFI 和 NFI 虽然都大于 0.8 但还小于 0.9；RMSEA 为 0.074，是小于 0.1 的。综合权衡之后，模型拟合还不够好，所以根据 AMOS 输出结果中的修正指数，对模型进行修正，根据 MI 的输出结果，【M.I.】为修正指标值，【Par Change】为估计参数改变量。每次都选择修正指数较高的题项，但其前提是界定两者相关不违背 SEM 的假定，且具有理论上的意义。依据此原则先后对 A11 与 A12、A31 与 A32、A32 与 A33、A31 与

A33、A33 与 A35、A24 与 A25 建立误差变量的关联，每一次修正都得到一个新的模型，对于模型修改过程中的误差关联可以用题项之间的关联来解释，A11（团队内的小圈子）与 A12（小圈子间的联系）很显然存在着联系；A31（团队成员对专业术语的理解）、A32（团队成员对专业符号的理解）与 A33（团队成员熟练掌握工具程度）这 3 个题项的误差变量关联，对于实际运行的高校科研团队来讲，团队成员掌握的专业术语、专业符号和专业工具之间也应该呈显著的正相关，因此在修正的模型中把三者联结起来；A33（团队成员熟练掌握工具程度）与 A35（团队成员价值观念一致）之间有关联，因为团队成员的价值观念支配和影响着其学习的行为和学习的效果，因此二者之间呈现关联关系；A24（大多数成员没有拘束地讨论）与 A25（团队内部成员间相互帮助）的联系在科研团队实际运行中是存在的，团队成员间越是熟悉，越是很自在地讨论问题，其相互帮助的可能性就越大，相反，成员之间互相不熟悉甚至不认识，其相互帮助的可能性就小，因此在二者之间建立关联不违背理论逻辑。团队内社会资本对知识吸收能力（二阶）影响的初始路径图的修正过程指标的变化见表 7.2。

表 7.2　团队内社会资本对知识吸收能力（二阶）影响的初始路径图的修正过程

模型	χ^2	df	χ^2/df	GFI	AGFI	CFI	NFI	RMSEA
初始模型	1687.43	621	2.717	0.779	0.750	0.877	0.819	0.074
修正模型 1	1437.86	620	2.319	0.798	0.771	0.905	0.846	0.065
修正模型 2	1327.03	619	2.144	0.819	0.794	0.919	0.859	0.060
修正模型 3	1273.87	618	2.061	0.825	0.801	0.924	0.863	0.058
修正模型 4	1234.40	617	2.001	0.831	0.807	0.929	0.867	0.056
修正模型 5	1121.33	616	1.820	0.841	0.819	0.942	0.880	0.051
修正模型 6	1100.31	615	1.789	0.844	0.822	0.944	0.882	0.050

经过多次修正后，可以看出模型 6 较初始模型有了很大的改观，随着观察变量之间关系的不断加入，模型的拟合状况一步一步在好转，最后到模型 6 时，χ^2/df 的下降到 1.789，小于 3；GFI、AGFI、CFI、NFI 都接近或超过 0.9；RMSEA 为 0.050，小于 0.1。表明模型拟合状况良好。所以确定模型 6 为最终的团队内社会资本对知识吸收能力（二阶）影响的最终路径图，见图 7.2，因子载荷系数及相对应的 t 值见表 7.3，团队内社会资本对知识吸收能力影响结构参数估计与显著性检验见表 7.4。

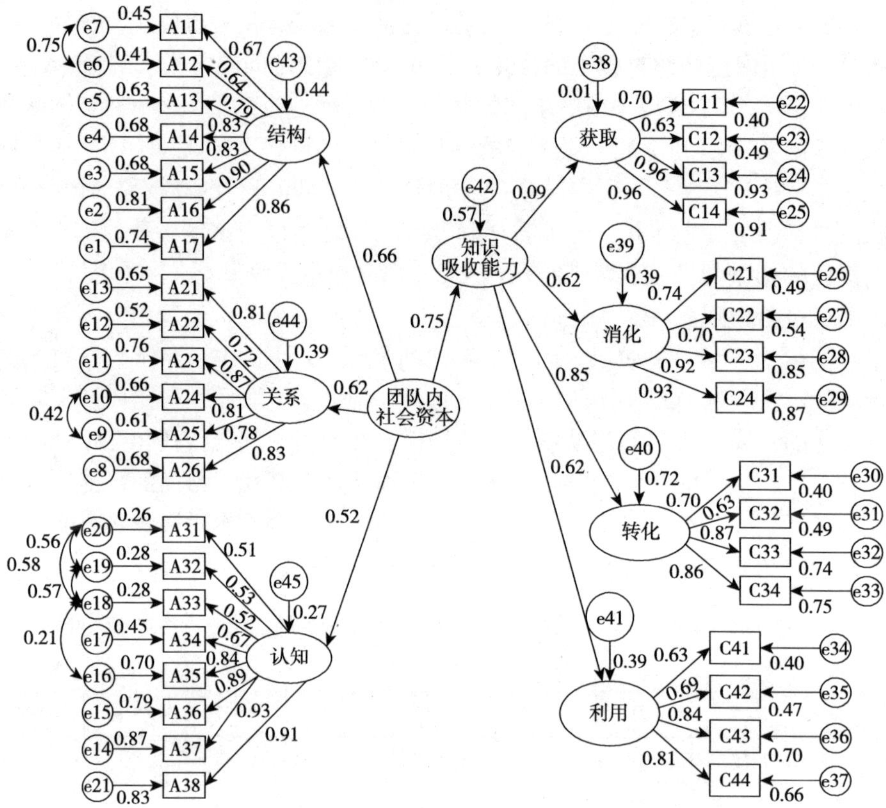

图 7.2　团队内社会资本对知识吸收能力（二阶）影响的最终路径图

表 7.3　团队内社会资本对知识吸收能力影响的因子载荷系数及对应的 *t* 值

变量	题项	指标	系统估计值	*t* 值
团队内社会资本结构	A11	团队内的小圈子	0.67	13.5
	A12	小圈子间的联系	0.64	12.7
	A13	团队内正式沟通	0.79	17.1
	A14	团队内非正式沟通	0.83	18.8
	A15	团队内部讨论会	0.83	18.4
	A16	大多数成员参加活动主动性	0.90	21.9
	A17	大多数成员谈论工作的积极性	0.86	—
团队内社会资本关系	A21	大多数成员的敬业程度	0.81	—
	A22	大多数成员的工作能力	0.72	13.9
	A23	大多数成员负责任的态度	0.87	17.9
	A24	大多数成员没有拘束地讨论	0.81	16.2
	A25	团队内部成员间相互帮助	0.78	15.3
	A26	团队成员之间坦诚相待	0.83	16.7

续表

变量	题项	指标	系统估计值	t值
团队内社会资本认知	A31	团队成员对专业术语的理解	0.51	9.91
	A32	团队成员对专业符号的理解	0.53	10.4
	A33	团队成员熟练掌握工具程度	0.52	10.3
	A34	团队成员的行为规范一致	0.67	14.6
	A35	团队成员价值观念一致	0.84	22.4
	A36	团队成员对目标看法的一致	0.89	26.3
	A37	对团队发展前景看法的一致	0.93	—
	A38	对关键决策的共识	0.91	28.7
知识获取能力	C11	关注研究领域的新知识	0.70	—
	C12	辨识利于本团队发展的知识	0.63	10.9
	C13	迅速获取所需知识	0.96	13.7
	C14	容易获取所需知识	0.96	13.6
知识消化能力	C21	大多数团队成员知识不断更新	0.74	—
	C22	团队内部的交流网络	0.70	12.6
	C23	团队内部的交流制度	0.92	15.4
	C24	团队学习新知识的速度	0.93	15.5
知识转化能力	C31	团队成员新旧知识整合	0.70	—
	C32	团队形成新观点和想法	0.63	10.6
	C33	围绕目标任务整合知识	0.87	11.9
	C34	提出解决问题的措施	0.86	10.6
知识利用能力	C41	科研水平	0.63	—
	C42	成果转化	0.69	9.7
	C43	承担的项目	0.84	11.7
	C44	知识利用氛围	0.81	10.7

注：对于大样本（N>120），当 $|t| \geq 1.960$ 时，表明在 5%水平显著相关，$|t| \geq 2.576$ 时，表明在 1%水平显著相关

表 7.4 团队内社会资本对知识吸收能力影响结构参数估计与显著性检验

路径说明	路径系数	t值
团队内社会资本 ——→ 知识吸收能力	0.75	5.571

从表 7.4 中因子载荷及其显著性检验情况来看，可以看出团队内社会资本对知识吸收能力有较强的影响。在此基础上，进一步检验了团队内社会资本对知识吸收能力各维度的影响。

二、团队内社会资本对知识吸收能力各维度的影响

在团队内社会资本对知识吸收能力有显著影响的基础上，本部分讨论团队内社会资本对知识吸收能力各维度的影响。知识获取能力是团队从内外部及时、快速地得到与本团队发展密切相关的知识的能力。团队内社会资本作为一种团队资

源，不仅为知识的获取提供网络通道，而且促进知识在团队内部的传播、分享、交流等，进而促进团队的外部知识内部化、内部知识显性化、显性知识系统化的能力，加速知识应用的进程。因此提出下面的假设。

假设 7-1a：团队内社会资本对知识获取能力有显著的正向影响。

假设 7-1b：团队内社会资本对知识消化能力有显著的正向影响。

假设 7-1c：团队内社会资本对知识转化能力有显著的正向影响。

假设 7-1d：团队内社会资本对知识利用能力有显著的正向影响。

根据上述假设，建立了表明二者之间关系的模型，采用大规模调研得到的 318 个数据，利用 AMOS7.0 软件进行数据的处理，得出团队内社会资本对知识吸收能力各维度影响的拟合检验指标，见表 7.5；团队内社会资本对知识吸收能力各维度影响的初始路径图见图 7.3。

表 7.5　团队内社会资本对知识吸收能力各维度影响的拟合检验

模型	χ^2	df	χ^2/df	GFI	AGFI	CFI	NFI	RMSEA
初始模型	1732.79	623	2.781	0.774	0.744	0.872	0.814	0.075

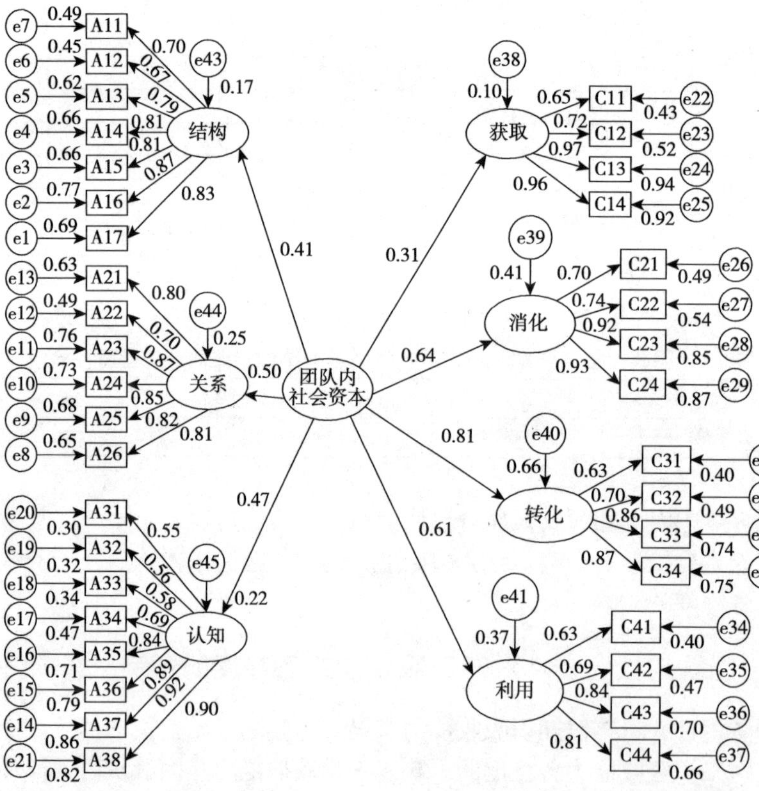

图 7.3　团队内社会资本对知识吸收能力各维度影响的初始路径图

总体看来模型拟合可以接受，但并不是特别好。χ^2/df 值为 2.781，小于 3 是可以接受的；GFI 和 AGFI 虽然接近 0.8 但还不到；CFI 和 NFI 虽然都大于 0.8 但还小于 0.9；RMSEA 为 0.075，是小于 0.1 的。综合权衡之后，模型拟合还不太好，所以根据 AMOS 输出结果中的修正指数，对模型进行修正，根据 MI 的输出结果，【M.I.】为修正指标值，【Par Change】为估计参数改变量。每次都选择修正指数较高的题项，但其前提是界定两者相关不违背 SEM 的假定，且具有理论上的意义。依据此原则先后对 A11 与 A12、A31 与 A32、A32 与 A33、A31 与 A33、A33 与 A35、A24 与 A25 建立误差变量的关联，每一次修正都得到一个新的模型，建立各观察变量之间的联系的解释同团队内社会资本对知识吸收能力影响的模型修正过程的解释。团队内社会资本对知识吸收能力各维度影响的初始路径图的修正过程指标的变化见表 7.6。

表 7.6　团队内社会资本对知识吸收能力各维度影响的初始路径图的修正过程

模型	χ^2	df	χ^2/df	GFI	AGFI	CFI	NFI	RMSEA
初始模型	1732.79	623	2.781	0.774	0.744	0.872	0.814	0.075
修正模型 1	1482.63	622	2.384	0.796	0.766	0.901	0.841	0.066
修正模型 2	1361.37	621	2.192	0.813	0.788	0.914	0.854	0.061
修正模型 3	1317.13	620	2.124	0.819	0.795	0.919	0.859	0.060
修正模型 4	1277.52	619	2.064	0.825	0.801	0.924	0.863	0.058
修正模型 5	1164.23	618	1.884	0.835	0.813	0.937	0.875	0.053
修正模型 6	1143.36	617	1.853	0.838	0.816	0.939	0.877	0.052

经过多次修正后，可以看出修正模型 6 较初始模型有了很大的改观，随着观察变量之间关系的不断加入，模型的拟合状况一步一步在好转，最后到模型 6 时，χ^2/df 的值下降到 1.853，小于 3；GFI、AGFI、CFI、NFI 都接近或超过 0.9；RMSEA 为 0.052，小于 0.1。表明模型拟合状况良好。所以确定模型 6 为最终的团队内社会资本对知识吸收能力各维度影响的最终路径图，见图 7.4；团队内社会资本对知识吸收能力各维度影响结构参数估计与显著性检验见表 7.7。

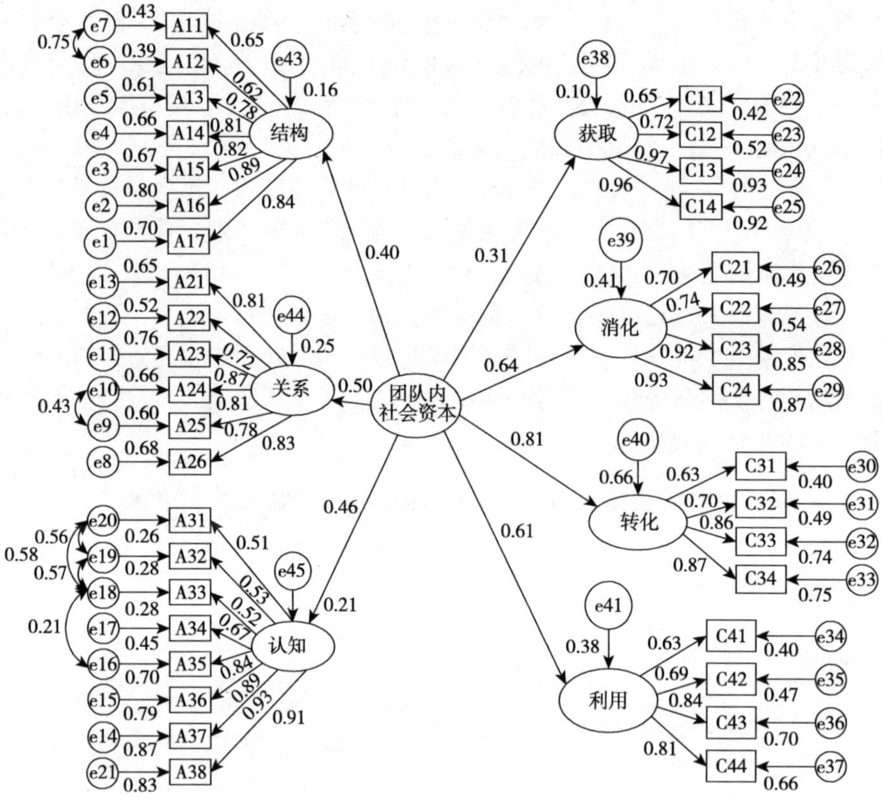

图 7.4　团队内社会资本对知识吸收能力各维度影响的最终路径图

表 7.7　团队内社会资本对知识吸收能力各维度影响结构参数估计与显著性检验

路径说明	路径系数	t 值
团队内社会资本 ——→ 知识获取	0.31	4.813
团队内社会资本 ——→ 知识消化	0.64	6.226
团队内社会资本 ——→ 知识转化	0.81	5.850
团队内社会资本 ——→ 知识利用	0.61	5.526

从表 7.7 中因子载荷及其显著性检验情况来看，可以看出团队内社会资本对知识吸收能力各维度有较强的影响。

三、团队内社会资本各维度对知识吸收能力的影响

为进一步解释团队内社会资本对知识吸收能力的影响，本部分分析团队内社会资本各维度对知识吸收能力的影响。知识吸收能力是对知识进行综合处理的能力，体现为对外部知识的辨识、评价和获取，内外知识的整合、转换和运用。知

识吸收能力的形成和发展受到团队内部可供利用的资源及从外部可以获取的资源的限制和影响，尤其是团队内部成员的互动、相互的信任及共同的发展目标影响团队对知识的获取、交换、开发和利用。因此提出以下假设。

假设 7-1e：团队内社会资本结构对知识吸收能力有显著的正向影响。

假设 7-1f：团队内社会资本关系对知识吸收能力有显著的正向影响。

假设 7-1g：团队内社会资本认知对知识吸收能力有显著的正向影响。

根据上述假设，建立了表明二者之间关系的模型，采用大规模调研得到的 318 个数据，利用 AMOS7.0 软件进行数据的处理，得出团队内社会资本各维度对知识吸收能力影响的拟合检验指标，见表 7.8；团队内社会资本各维度对知识吸收能力影响的初始路径图见图 7.5。

表 7.8　团队内社会资本各维度对知识吸收能力影响的拟合检验

模型	χ^2	df	χ^2/df	GFI	AGFI	CFI	NFI	RMSEA
初始模型	1955.01	623	3.138	0.747	0.714	0.841	0.786	0.083

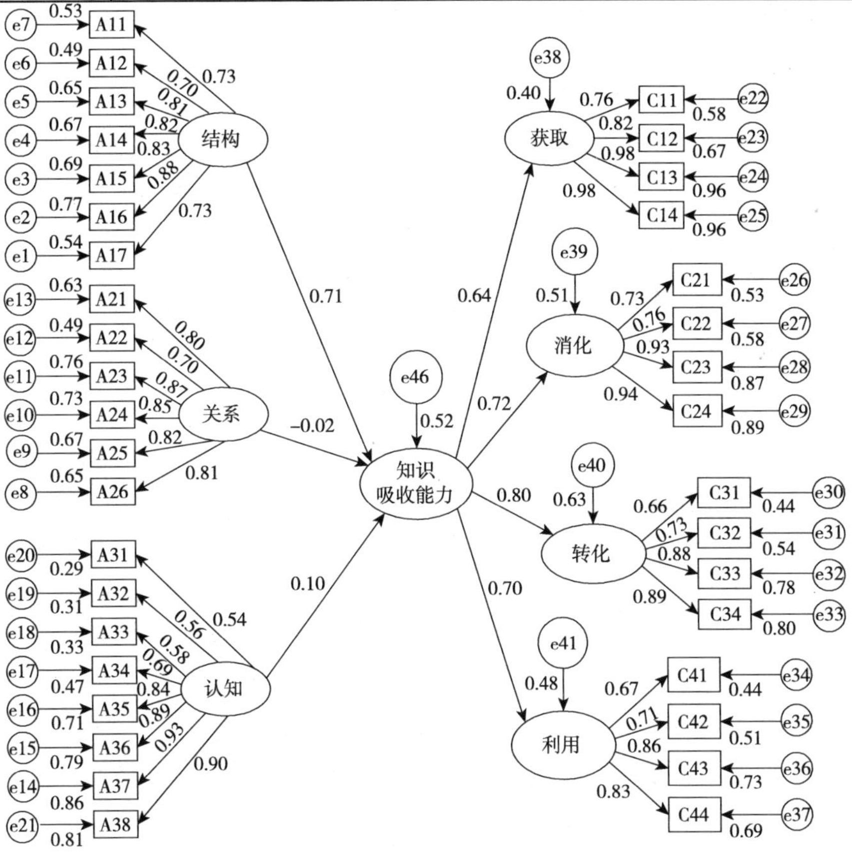

图 7.5　团队内社会资本各维度对知识吸收能力影响的初始路径图

经过 6 次修正后，修正的过程与前文涉及的团队内社会资本的残差项相连是相同的，因此省略了中间环节。可以看出最后模型较初始模型有了很大的改观，随着观察变量之间关系的不断加入，模型的拟合状况一步一步在好转，最后到模型 6 时，χ^2/df 的值下降到 2.279，小于 3；GFI、AGFI、CFI、NFI 都接近或超过 0.9；RMSEA 为 0.064，小于 0.1。表明模型拟合状况良好，见表 7.9。所以确定最后模型为最终的团队内社会资本各维度对知识吸收能力影响的最终路径图，见图7.6；团队内社会资本各维度对知识吸收能力影响结构参数估计与显著性检验见表 7.10。

表 7.9　团队内社会资本各维度对知识吸收能力影响的修正过程

模型	χ^2	df	χ^2/df	GFI	AGFI	CFI	NFI	RMSEA
初始模型	1955.01	623	3.138	0.747	0.714	0.841	0.786	0.083
最后模型	1406.33	617	2.279	0.808	0.800	0.909	0.849	0.064

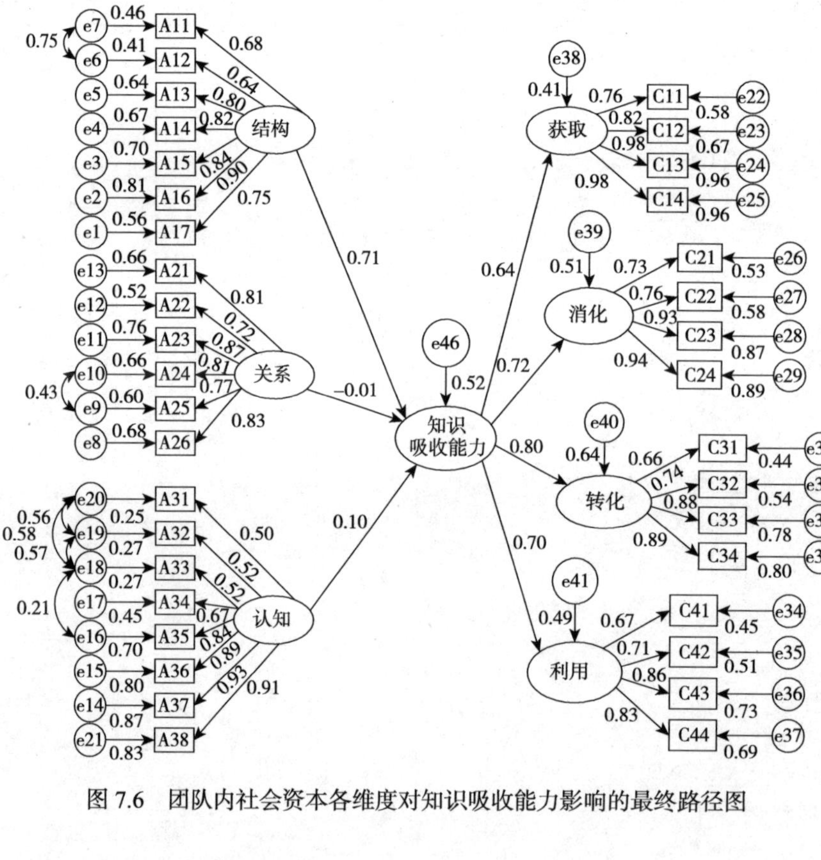

图 7.6　团队内社会资本各维度对知识吸收能力影响的最终路径图

表 7.10　团队内社会资本各维度对知识吸收能力影响结构参数估计与显著性检验

路径说明	路径系数	t 值
团队内社会资本结构 ——→ 知识吸收能力	0.71	5.476
团队内社会资本关系 ——→ 知识吸收能力	−0.01	−0.260
团队内社会资本认知 ——→ 知识吸收能力	0.10	1.743

四、团队内社会资本各维度对知识吸收能力各维度的影响

为进一步解释团队内社会资本各维度对知识吸收能力的影响，本部分分析团队内社会资本各维度对知识吸收能力各维度的影响，团队内的社会资本结构面是团队成员间的联系模式，结构面社会资本被看作在一个联系的社会网络中成员联系的范围和程度。若成员与伙伴联结越多，则越接近网络的中心位置，则能够获取更多的有价值的知识和资讯。因此，若团队成员能在联结网络中占据一个有利的位置，将获得多元化的知识和资讯，并且有利于组织内部知识的创造。若组织拥有的网络越多，则不但可以使组织获得更多的流通资讯和知识，并且可以有利于提高知识利用的时效性和参考性。因此提出以下假设。

假设 7-1h：团队内社会资本结构对知识获取能力有显著的正向影响。

假设 7-1i：团队内社会资本结构对知识消化能力有显著的正向影响。

假设 7-1j：团队内社会资本结构对知识转化能力有显著的正向影响。

假设 7-1k：团队内社会资本结构对知识利用能力有显著的正向影响。

团队内社会资本的关系面是团队成员由长期的互动而形成的关系形态。社会资本的关系面是指通过与他人互动所发展出来的人际关系，包括对他人的尊敬、友谊、信任等。这些都表现为个体的主观心理倾向，是一种正面的表示和期待。一个值得信任的行动者可以更多地得到他人的支持来实现既定的目标。知识的转换和学习是一种相互交换的过程，良好的关系有助于知识的转换和学习。因此本书提出以下假设。

假设 7-1l：团队内社会资本关系对知识获取能力有显著的正向影响。

假设 7-1m：团队内社会资本关系对知识消化能力有显著的正向影响。

假设 7-1n：团队内社会资本关系对知识转化能力有显著的正向影响。

假设 7-1o：团队内社会资本关系对知识利用能力有显著的正向影响。

社会资本的认知维度包含团队公共的知识背景、共同的语言平台、共享的道德规范、共享的远景和使命、共享的目标和文化等，这些因素决定了团队对知识的鉴别、评价。团队成员拥有共同的语言和共同愿景，这些可以促使组织成员产生一致性的行为，减少沟通的障碍，增加交换知识的机会，拥有共同语言有助于知识的接近、转移和取得。因此本书提出以下假设。

假设 7-1p：团队内社会资本认知对知识获取能力有显著的正向影响。

假设 7-1q：团队内社会资本认知对知识消化能力有显著的正向影响。

假设 7-1r：团队内社会资本认知对知识转化能力有显著的正向影响。

假设 7-1s：团队内社会资本认知对知识利用能力有显著的正向影响。

根据上述假设，建立了表明它们之间关系的模型，采用大规模调研得到的 318 个数据，利用 AMOS7.0 软件进行数据的处理，得出团队内社会资本各维度对知识吸收能力各维度影响的拟合检验指标，见表 7.11；团队内社会资本各维度对知识吸收能力各维度影响的初始路径图见图 7.7。

表 7.11 团队内社会资本各维度对知识吸收能力各维度影响的拟合检验

模型	χ^2	df	χ^2/df	GFI	AGFI	CFI	NFI	RMSEA
初始模型	2318.69	620	3.740	0.721	0.683	0.804	0.751	0.093

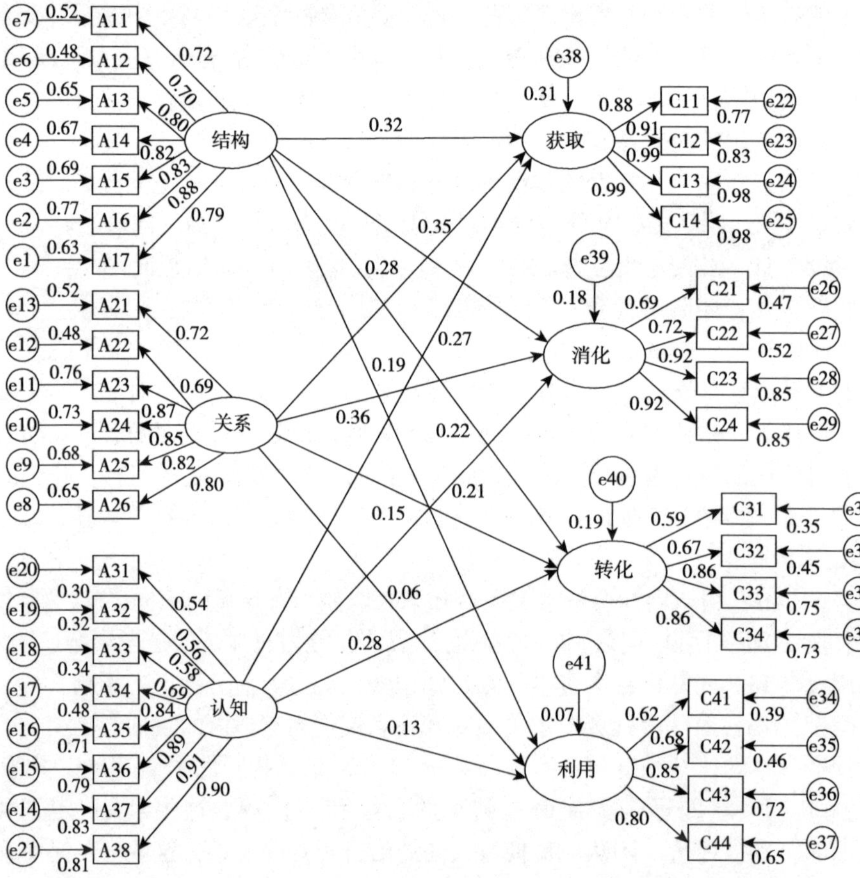

图 7.7 团队内社会资本各维度对知识吸收能力各维度影响的初始路径图

经过 6 次修正后，修正的过程与前文涉及的团队内社会资本的残差项相连是相同的，因此省略了中间环节。可以看出最后模型较初始模型有了很大的改观，随着观察变量之间关系的不断加入，模型的拟合状况一步一步在好转，最后到模型 6，见表 7.12，χ^2/df 下降到 2.816，小于 3；GFI、AGFI、CFI、NFI 都接近 0.9；RMSEA 为 0.076，小于 0.1。表明模型拟合状况良好。所以确定模型 6 为最终的团队内社会资本各维度对知识吸收能力各维度影响的最终路径图（图 7.8），团队内社会资本各维度对知识吸收能力各维度影响结构参数估计与显著性检验见表7.13。

表 7.12　团队内社会资本各维度对知识吸收能力各维度影响的修正过程

模型	χ^2	df	χ^2/df	GFI	AGFI	CFI	NFI	RMSEA
初始模型	2318.69	620	3.740	0.721	0.683	0.804	0.751	0.093
最后模型	1729.29	614	2.816	0.800	0.750	0.871	0.814	0.076

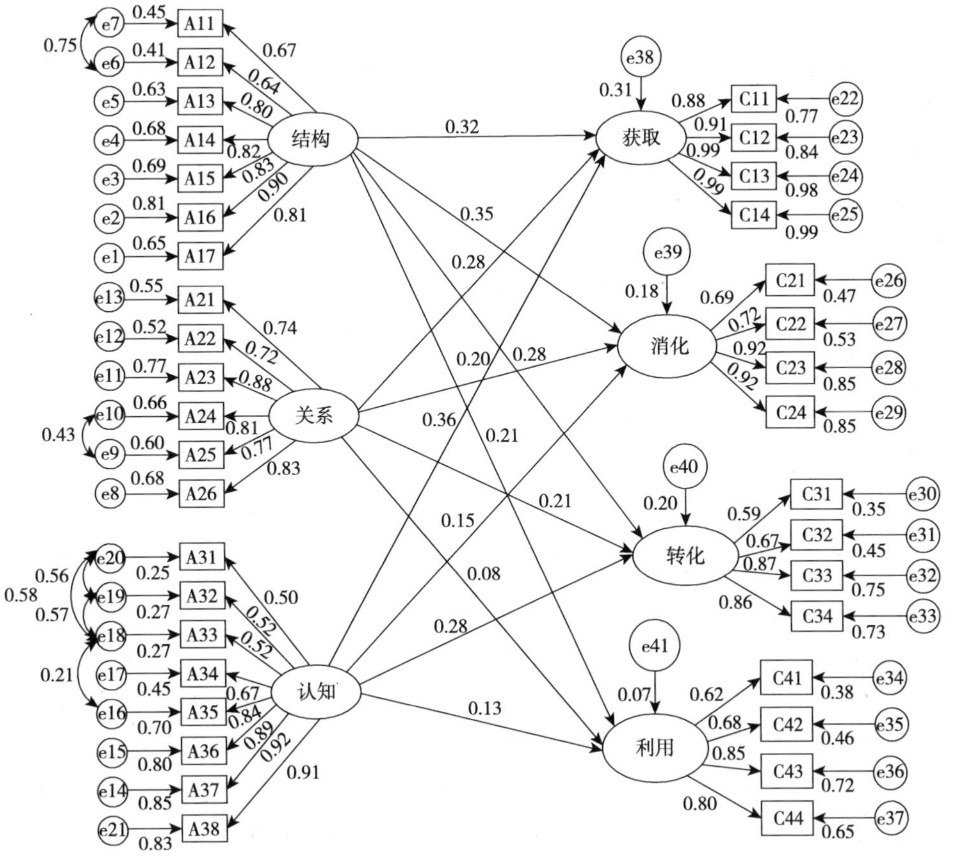

图 7.8　团队内社会资本各维度对知识吸收能力各维度影响的最终路径图

表 7.13 团队内社会资本各维度对知识吸收能力各维度影响结构参数估计与显著性检验

路径说明	路径系数	t 值
团队内社会资本结构 ——→ 知识获取	0.32	4.817
团队内社会资本结构 ——→ 知识消化	0.35	5.218
团队内社会资本结构 ——→ 知识转化	0.28	4.123
团队内社会资本结构 ——→ 知识利用	0.21	3.372
团队内社会资本关系 ——→ 知识获取	0.28	3.452
团队内社会资本关系 ——→ 知识消化	0.20	3.032
团队内社会资本关系 ——→ 知识转化	0.21	3.119
团队内社会资本关系 ——→ 知识利用	0.08	1.091
团队内社会资本认知 ——→ 知识获取	0.36	3.545
团队内社会资本认知 ——→ 知识消化	0.15	2.518
团队内社会资本认知 ——→ 知识转化	0.28	4.343
团队内社会资本认知 ——→ 知识利用	0.13	1.099

第二节 团队外社会资本与知识吸收能力的关系

依据前文的分析，团队外社会资本是单维变量，假设 5-2a 和假设 5-2b 未得到验证，高校科研团队的团队外社会资本也为单维变量，这或许与高校科研团队的特征有关系。知识吸收能力包括四个维度，假设 5-3a 和假设 5-3b 已验证。为了进一步解释团队外社会资本与知识吸收能力之间的关系，本部分首先根据相关的研究提出假设，然后根据文章的假设，检验团队外社会资本对知识吸收能力的影响。

一、团队外社会资本对知识吸收能力的影响

本书在第五章第三节中已经以相关的研究为基础提出了假设 5-6：团队外社会资本对知识吸收能力有显著的正向影响。

依据第六章得到的因子的测量模型，团队外社会资本为单维变量，知识吸收能力为包括四个维度的潜变量，根据假设 5-6 建立了表明二者二阶因子关系的模型，采用大规模调研得到的 318 个数据，利用 AMOS7.0 软件进行数据的处理，得出团队外社会资本对知识吸收能力（二阶）影响的拟合检验指标，见表 7.14；团队外社会资本对知识吸收能力（二阶）影响的初始路径图见图 7.9；团队外社会资本对知识吸收能力（二阶）影响的因子载荷系数及对应的 t 值见表 7.15；团队

外社会资本对知识吸收能力影响结构参数估计与显著性检验见表 7.16。

表 7.14　团队外社会资本对知识吸收能力（二阶）影响的拟合检验

模型	χ^2	df	χ^2/df	GFI	AGFI	CFI	NFI	RMSEA
初始模型	567.298	184	3.083	0.852	0.814	0.908	0.870	0.083

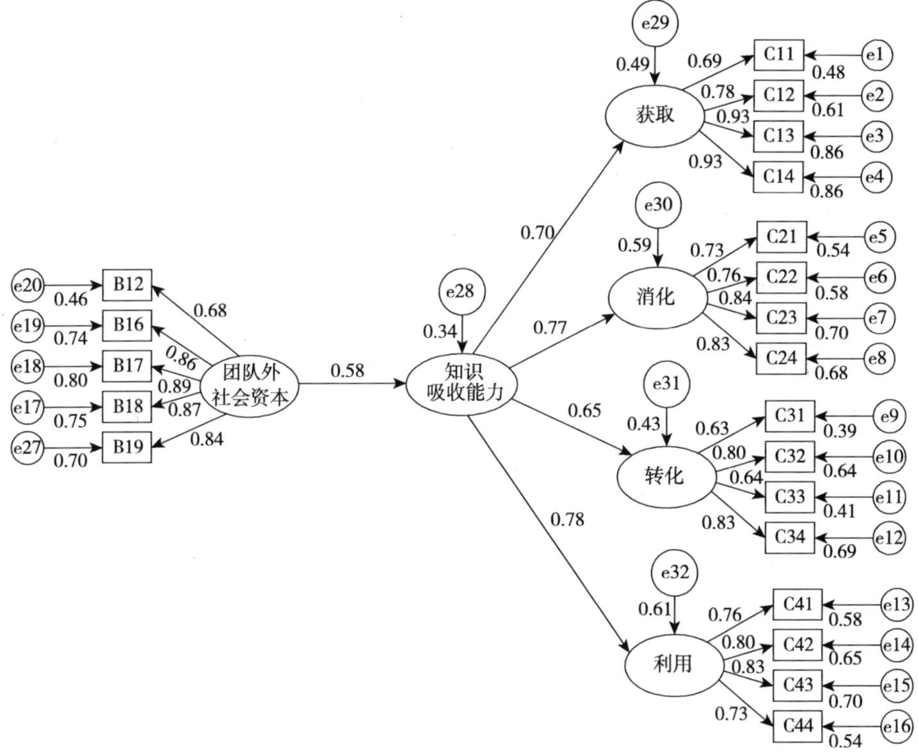

图 7.9　团队外社会资本对知识吸收能力（二阶）影响的初始路径图

总体看来模型拟合可以接受，χ^2/df 值为 3.083，大于 3 小于 5 是可以接受的；GFI、AGFI 和 NFI 都大于 0.8 且接近 0.9；CFI 大于 0.9；RMSEA 为 0.083，是小于 0.1 的，所以模型拟合可以接受。

表 7.15　团队外社会资本对知识吸收能力（二阶）影响的因子载荷系数及对应的 *t* 值

变量	题项	指标	系统估计值	*t* 值
团队外社会资本	B12	与专业协会的联系	0.68	13.47
	B16	团队中有成员在行政部门任职	0.86	19.58
	B17	与其他相关方的联系	0.89	21.09
	B18	是否经常请专家来指导	0.87	—
	B19	是否经常去参加学术会议	0.84	19.00

续表

变量	题项	指标	系统估计值	t值
知识获取能力	C11	关注研究领域的新知识	0.69	—
	C12	辨识利于本团队发展的知识	0.78	14.68
	C13	迅速获取所需知识	0.93	14.01
	C14	容易获取所需知识	0.93	13.94
知识消化能力	C21	大多数团队成员知识不断更新	0.73	—
	C22	团队内部的交流网络	0.76	12.74
	C23	团队内部的交流制度	0.84	13.66
	C24	团队学习新知识的速度	0.83	13.12
知识转化能力	C31	团队成员新旧知识整合	0.63	—
	C32	团队形成新观点和想法	0.80	9.63
	C33	围绕目标任务整合知识	0.64	9.78
	C34	提出解决问题的措施	0.83	9.34
知识利用能力	C41	科研水平	0.76	—
	C42	成果转化	0.80	13.39
	C43	承担的项目	0.83	14.25
	C44	知识利用氛围	0.73	12.34

表 7.16 团队外社会资本对知识吸收能力影响结构参数估计与显著性检验

路径说明	路径系数	t值
团队外社会资本 ——→ 知识吸收能力	0.58	5.265

从表 7.16 中因子载荷及其显著性检验情况来看，可以看出团队外社会资本对知识吸收能力有较强的影响。在此基础上，本书进一步检验了团队外社会资本对知识吸收能力各维度的影响。

二、团队外社会资本对知识吸收能力各维度影响

在团队外社会资本对知识吸收能力有显著影响的基础上，本部分讨论团队外社会资本对知识吸收能力各维度的影响。团队利用成员的社会资本建立与顾客及合作伙伴之间的密切联系已被证明是实力较弱的团队克服资源瓶颈和知识短缺的重要路径。团队利用与外部的联系与互动，一方面增加了团队获取知识的机会，另一方面通过这种联系也给团队提供了向外部团队请教本团队运行过程中面临的知识难题的机会，有助于本团队对知识的理解、消化和应用。这样团队外社会资本不仅拓展了团队知识来源、提高了获取知识的多样性，而且可以提高团队内部学习的能力。因此提出以下假设。

假设 7-2a：团队外社会资本对知识获取能力有显著的正向影响。

假设 7-2b：团队外社会资本对知识消化能力有显著的正向影响。

假设 7-2c：团队外社会资本对知识转化能力有显著的正向影响。

假设 7-2d：团队外社会资本对知识利用能力有显著的正向影响。

根据上述假设，建立了表明它们之间关系的模型，采用大规模调研得到的 318 个数据，利用 AMOS7.0 软件进行数据的处理，得出团队外社会资本对知识吸收能力各维度影响的拟合检验指标，见表 7.17；团队外社会资本对知识吸收能力各维度影响的初始路径图见图 7.10。

表 7.17　团队外社会资本对知识吸收能力各维度影响的拟合检验

模型	χ^2	df	χ^2/df	GFI	AGFI	CFI	NFI	RMSEA
初始模型 ⟶	673.904	186	3.623	0.813	0.768	0.883	0.846	0.094

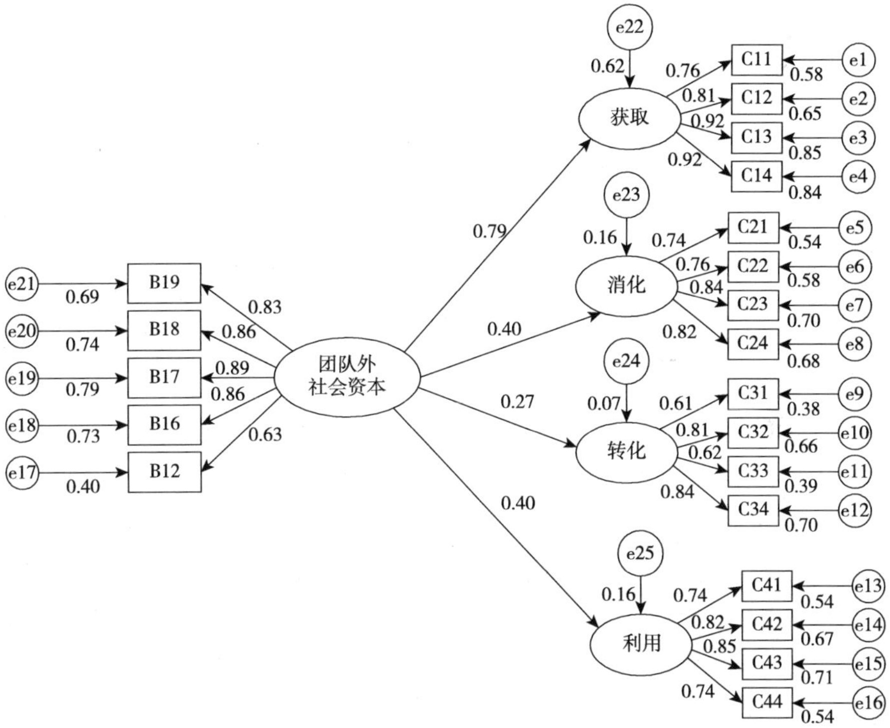

图 7.10　团队外社会资本对知识吸收能力各维度影响的初始路径图

总体看来模型拟合可以接受，但并不是特别的好。χ^2/df 值为 3.623，大于 3 小于 5 是可以接受的；GFI、AGFI、CFI 和 NFI 接近 0.8 或不足 0.9；RMSEA 为 0.094，是小于 0.1 的，但也不够好。综合权衡之后，模型拟合还不好，所以根据 AMOS 输出结果中的修正指数，对模型进行修正，根据 MI 的输出结果，【M.I.】

为修正指标值，【Par Change】为估计参数改变量。每次都选择修正指数较高的题项，但其前提是界定两者相关不违背 SEM 的假定，且具有理论上的意义。依据此原则对模型进行了修正。根据表 7.18，经过三次修正后，可以看出模型 3 较初始模型有了很大的改观。

表 7.18　团队外社会资本对知识吸收能力各维度影响的初始路径图的修正过程

模型	χ^2	df	χ^2/df	GFI	AGFI	CFI	NFI	RMSEA
初始模型	673.904	186	3.623	0.813	0.768	0.883	0.846	0.094
修正模型 1	637.815	185	3.448	0.821	0.776	0.891	0.854	0.090
修正模型 2	557.730	184	3.031	0.844	0.804	0.910	0.872	0.082
修正模型 3	540.363	183	2.953	0.848	0.808	0.914	0.876	0.081

随着观察变量之间关系的不断加入，模型的拟合状况一步一步在好转，最后到模型 3 时，χ^2/df 下降到 2.953，小于 3；GFI、AGFI、CFI、NFI 都接近或超过 0.9；RMSEA 为 0.081，小于 0.1。表明模型拟合状况良好。所以确定修正模型 3 为最终的团队外社会资本对知识吸收能力各维度影响的最终路径图，见图 7.11；团队外社会资本对知识吸收能力各维度影响结构参数估计与显著性检验见表 7.19。

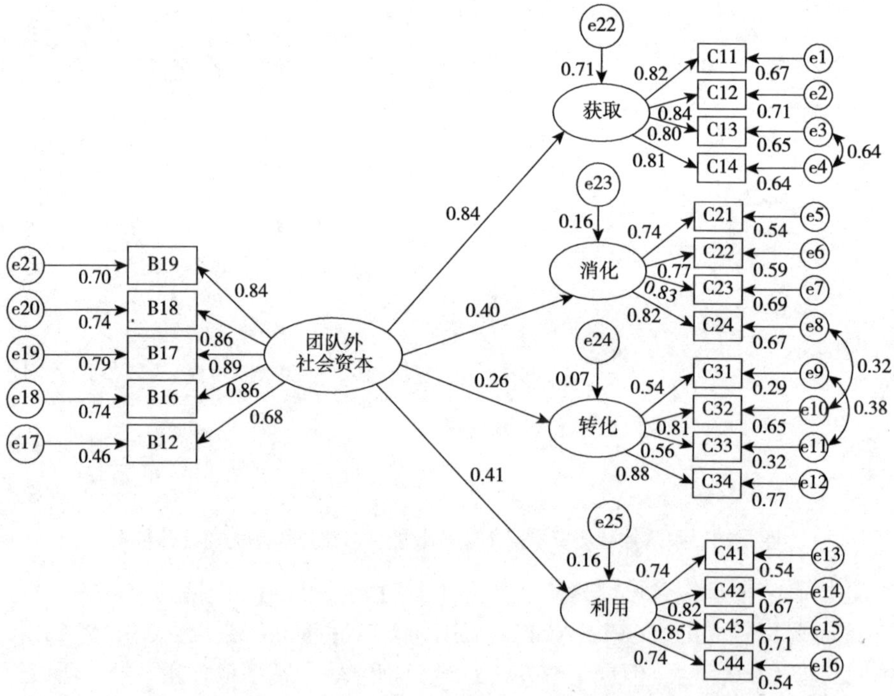

图 7.11　团队外社会资本对知识吸收能力各维度影响的最终路径图

表 7.19　团队外社会资本对知识吸收能力各维度影响结构参数估计与显著性检验

路径说明	路径系数	t 值
团队外社会资本 ⟶ 知识获取	0.84	8.445
团队外社会资本 ⟶ 知识消化	0.40	6.047
团队外社会资本 ⟶ 知识转化	0.26	3.764
团队外社会资本 ⟶ 知识利用	0.41	6.081

第三节　知识吸收能力与团队绩效的关系

依据前文的分析，知识吸收能力包括四个维度，假设 5-3a 和假设 5-3b 已验证。团队绩效为单维变量，假设 5-4a 和假设 5-4b 没得到验证，这或许与高校科研团队的特征有关系。为了进一步解释知识吸收能力与团队绩效之间的关系，本部分首先根据相关的研究提出假设，然后根据文章的假设，检验知识吸收能力对团队绩效的影响。

一、知识吸收能力对团队绩效的影响

本文在第五章第三节中已经以相关的研究为基础提出了假设 5-7：知识吸收能力对团队绩效有着显著的正向影响。

依据第六章得到的因子的测量模型，知识吸收能力包括四个维度，团队绩效为单维变量，根据假设 5-7 建立了表明二者因子关系的模型，采用大规模调研得到的 318 个数据，利用 AMOS7.0 软件进行数据的处理，得出知识吸收能力对团队绩效（二阶）影响的拟合检验指标，见表 7.20；知识吸收能力对团队绩效影响的初始路径图见图 7.12；知识吸收能力对团队绩效影响的因子载荷系数及对应的 t 值见表 7.21；知识吸收能力对团队绩效影响结构参数估计与显著性检验见表 7.22。

表 7.20　知识吸收能力对团队绩效（二阶）影响的拟合检验

模型	χ^2	df	χ^2/df	GFI	AGFI	CFI	NFI	RMSEA
初始模型	614.618	204	3.013	0.845	0.808	0.902	0.860	0.080

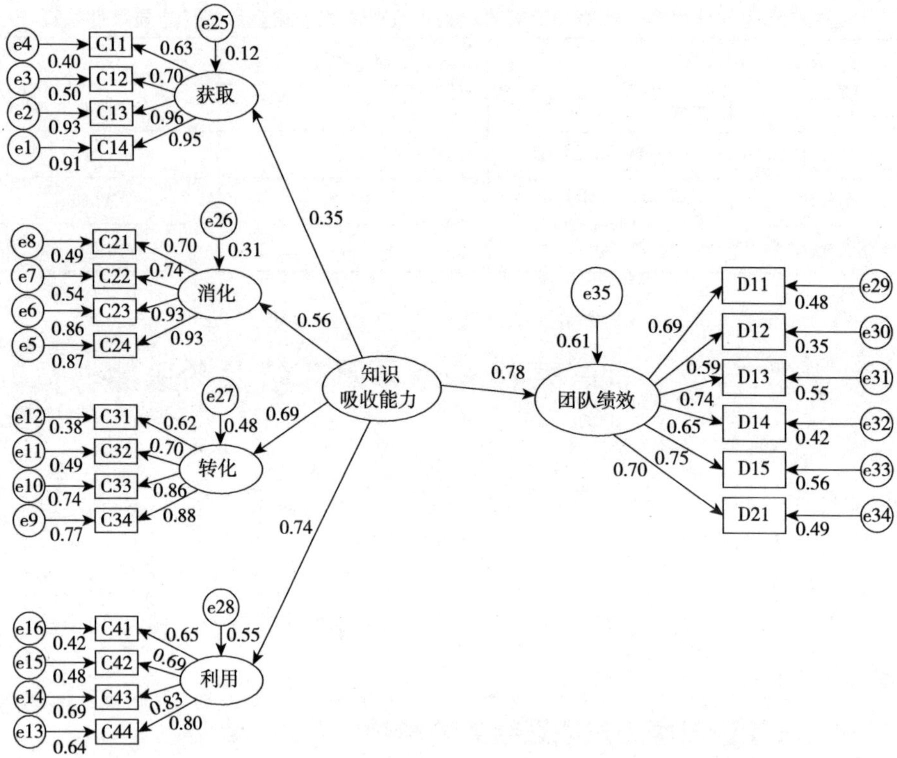

图 7.12 知识吸收能力对团队绩效影响的初始路径图

表 7.21 知识吸收能力对团队绩效影响的因子载荷系数及对应的 t 值

变量	题项	指标	系统估计值	t 值
知识获取能力	C11	关注研究领域的新知识	0.63	13.67
	C12	辨识利于本团队发展的知识	0.70	16.41
	C13	迅速获取所需知识	0.96	35.18
	C14	容易获取所需知识	0.95	—
知识消化能力	C21	大多数团队成员知识不断更新	0.70	15.39
	C22	团队内部的交流网络	0.74	16.79
	C23	团队内部的交流制度	0.93	27.29
	C24	团队学习新知识的速度	0.93	—
知识转化能力	C31	团队成员新旧知识整合	0.62	11.41
	C32	团队形成新观点和想法	0.70	13.69
	C33	围绕目标任务整合知识	0.86	18.93
	C34	提出解决问题的措施	0.88	—

续表

变量	题项	指标	系统估计值	t值
知识利用能力	C41	科研水平	0.65	11.05
	C42	成果转化	0.69	12.58
	C43	承担的项目	0.83	11.05
	C44	知识利用氛围	0.80	—
团队绩效	D11	科研成果的水平	0.69	—
	D12	目标完成情况	0.59	9.59
	D13	团队成员对项目结果的满意度	0.74	11.74
	D14	团队的知名度和影响力	0.65	8.81
	D15	团队成员在该团队中的成长	0.75	10.78
	D21	对合作的过程满意	0.70	11.07

表 7.22　知识吸收能力对团队绩效影响结构参数估计与显著性检验

路径说明	路径系数	t值
知识吸收能力 ——→ 团队绩效	0.78	4.978

总体看来模型拟合可以接受，χ^2/df 值为 3.013，大于 3 小于 5 是可以接受的；GFI、AGFI、CFI 和 NFI 在 0.8~0.9； RMSEA 为 0.080，是小于 0.1 的，综合权衡之后，模型拟合可以接受。

从表 7.22 中因子载荷及其显著性检验情况来看，可以看出知识吸收能力对团队绩效有较强的影响。在此基础上，本书进一步检验了知识吸收能力各维度对团队绩效的影响。

二、知识吸收能力各维度对团队绩效的影响

在知识吸收能力对团队绩效有显著影响的基础上，本部分进一步讨论知识吸收能力各维度对团队绩效的影响。团队绩效包括产出的科研成果、预定目标的完成情况、团队内部成员对项目结果的满意度、团队外部成员对结果的评价等，高校科研团队生产的原材料是知识，产出大部分也表现为知识，团队知识获取能力、消化能力、转化能力与利用能力应该对团队绩效产生影响。本部分提出的假设如下。

假设 7-3a：知识获取能力对团队绩效有着显著的正向影响。

假设 7-3b：知识消化能力对团队绩效有着显著的正向影响。

假设 7-3c：知识转化能力对团队绩效有着显著的正向影响。

假设 7-3d：知识利用能力对团队绩效有着显著的正向影响。

依据上述假设建立了表明二者关系的模型，采用大规模调研得到的 318 个数

据，利用 AMOS7.0 软件进行数据的处理，得出知识吸收能力各维度对团队绩效影响的拟合检验指标，见表 7.23；知识吸收能力各维度对团队绩效影响的初始路径图见图 7.13。

表 7.23　知识吸收能力各维度对团队绩效影响的拟合检验

模型	χ^2	df	χ^2/df	GFI	AGFI	CFI	NFI	RMSEA
初始模型	722.59	205	3.525	0.823	0.781	0.876	0.836	0.089

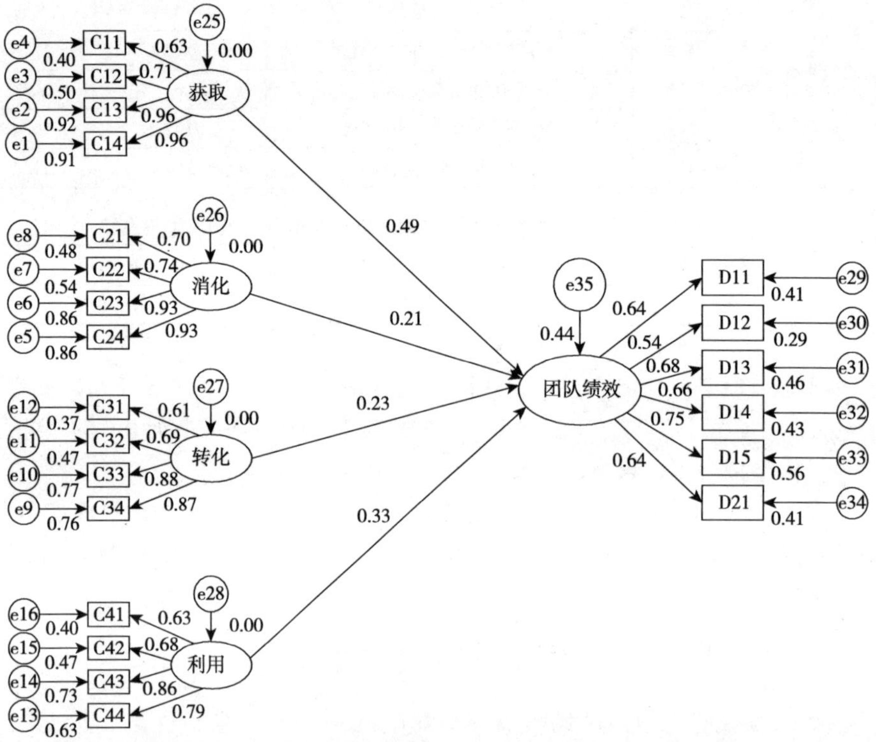

图 7.13　知识吸收能力各维度对团队绩效影响的初始路径图

总体看来模型拟合可以接受，但还不太好，因此根据 AMOS 输出结果中的修正指数，对模型进行修正，根据 MI 的输出结果，首先选择修正指数较高的题项进行调整。分别联结 D14（团队的知名度和影响力）与 D15（团队成员在该团队中的成长）、C31（团队成员新旧知识整合）与 C32（团队形成新观点和想法）的残差项，残差项之间的相关可以用观察变量之间的相关来解释。经过两次修正后，从表 7.24 中可以看出模型 2 较初始模型有了很大的改观。

表 7.24　知识吸收能力各维度对团队绩效影响路径图的修正过程

模型	χ^2	df	χ^2/df	GFI	AGFI	CFI	NFI	RMSEA
初始模型	722.59	205	3.525	0.823	0.781	0.876	0.836	0.089
修正模型 1	665.72	204	3.263	0.844	0.806	0.889	0.849	0.084
修正模型 2	652.90	203	3.216	0.847	0.810	0.892	0.852	0.083

随着观察变量之间关系的不断加入，模型的拟合状况一步一步在好转，到修正模型 2 时，χ^2/df 下降到 3.216，小于 5；GFI、AGFI、CFI、NFI 都在 0.8~0.9；RMSEA 为 0.083，小于 0.1。表明模型拟合状况良好。所以确定修正模型 2 为最终的知识吸收能力各维度对团队绩效影响的最终路径图，见图 7.14；知识吸收能力各维度对团队绩效影响结构参数估计与显著性检验见表 7.25。

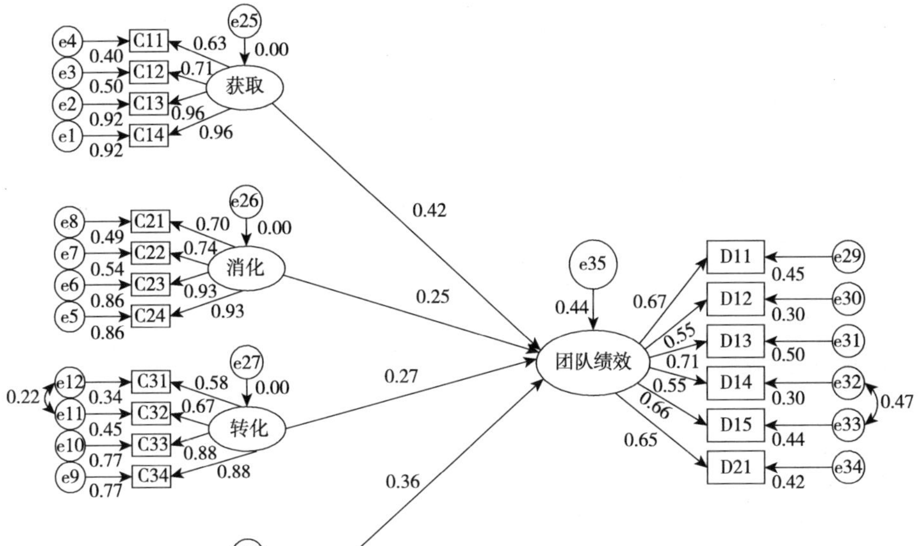

图 7.14　知识吸收能力各维度对团队绩效影响的最终路径图

表 7.25　知识吸收能力各维度对团队绩效影响结构参数估计与显著性检验

路径说明	路径系数	t 值
知识获取 ——→ 团队绩效	0.42	6.98
知识消化 ——→ 团队绩效	0.25	4.03
知识转化 ——→ 团队绩效	0.27	3.87
知识利用 ——→ 团队绩效	0.36	4.78

第四节 团队内、外社会资本对团队绩效的影响

一、团队内社会资本对团队绩效的影响

依据前文的分析，团队内社会资本包括三个维度，团队绩效是单维变量，为了进一步解释团队内社会资本与团队绩效之间的关系，本书在第五章第三节中已经以相关的研究为基础，提出了假设 5-8：团队内社会资本对团队绩效有显著的正向影响。

根据假设 5-8 建立了表明二者因子关系的模型，采用大规模调研得到的 318 个数据，利用 AMOS7.0 软件进行数据的处理，得出团队内社会资本对团队绩效影响的拟合检验指标，见表 7.26；团队内社会资本对团队绩效影响的初始路径图见图 7.15。

表 7.26 团队内社会资本对团队绩效影响的拟合检验

模型	χ^2	df	χ^2/df	GFI	AGFI	CFI	NFI	RMSEA
初始模型	925.773	319	2.902	0.807	0.770	0.865	0.823	0.065

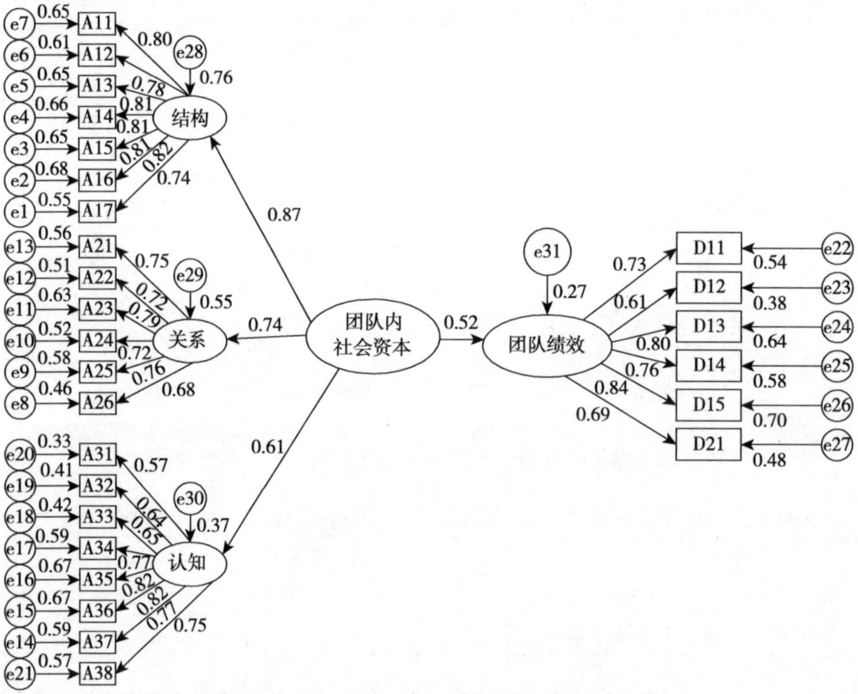

图 7.15 团队内社会资本对团队绩效影响的初始路径图

总体看来模型拟合可以接受，χ^2/df 的值为 2.902，小于 3 是可以接受的；GFI、AGFI、CFI 和 NFI 接近 0.8 或不足 0.9；RMSEA 是小于 0.1 的。综合权衡之后，模型拟合不是特别的好，所以根据 AMOS 输出结果中的修正指数，对模型进行修正，根据 MI 的输出结果，【M.I.】为修正指标值，【Par Change】为估计参数改变量。每次都选择修正指数较高的题项，但其前提是界定两者相关不违背 SEM 的假定，且具有理论上的意义。依据此原则对模型进行了修正。分别在 A11 与 A12、A31 与 A33 之间建立误差变量的关联，他们之间的关联前文已有解释。团队内社会资本对团队绩效影响的初始路径图的修正过程及指标的变化见表7.27。

表 7.27　团队内社会资本对团队绩效影响的初始路径图的修正过程

模型	χ^2	df	χ^2/df	GFI	AGFI	CFI	NFI	RMSEA
初始模型	925.773	319	2.902	0.807	0.770	0.865	0.823	0.065
修正模型 1	797.033	319	2.499	0.822	0.792	0.919	0.868	0.063
修正模型 2	732.142	317	2.310	0.843	0.837	0.922	0.87	0.065

经过 2 次修正后，可以看出修正模型 2 较初始模型有了改观，随着观察变量之间关系的加入，模型的拟合状况发生了改善，χ^2/df 的值下降到 2.310，小于 3；GFI、AGFI、CFI、NFI 都超过 0.8，RMSEA 为 0.065，小于 0.08。表明模型拟合状况良好。所以确定修正模型 2 为最终的团队内社会资本对团队绩效影响的最终路径图，见图 7.16；团队内社会资本对团队绩效影响结构参数估计与显著性检验见表7.28。

表 7.28　团队内社会资本对团队绩效影响结构参数估计与显著性检验

路径说明	路径系数	t 值
团队内社会资本 ——→ 团队绩效	0.52	6.714

二、团队外社会资本对团队绩效的影响

依据前文的分析，团队外社会资本和团队绩效均为单维变量，为了解释团队外社会资本与团队绩效之间的关系，在第五章第三节中已经以相关的研究为基础，提出了假设 5-9：团队外社会资本对团队绩效有显著的正向影响。

根据假设 5-9 建立了表明二者关系的模型，采用大规模调研得到的 318 个数据，利用 AMOS7.0 软件进行数据的处理，得出团队外社会资本对团队绩效影响的拟合检验指标，见表 7.29；团队外社会资本对团队绩效影响的路径图见图 7.17；团队外社会资本对团队绩效影响结构参数估计与显著性检验见表 7.30。

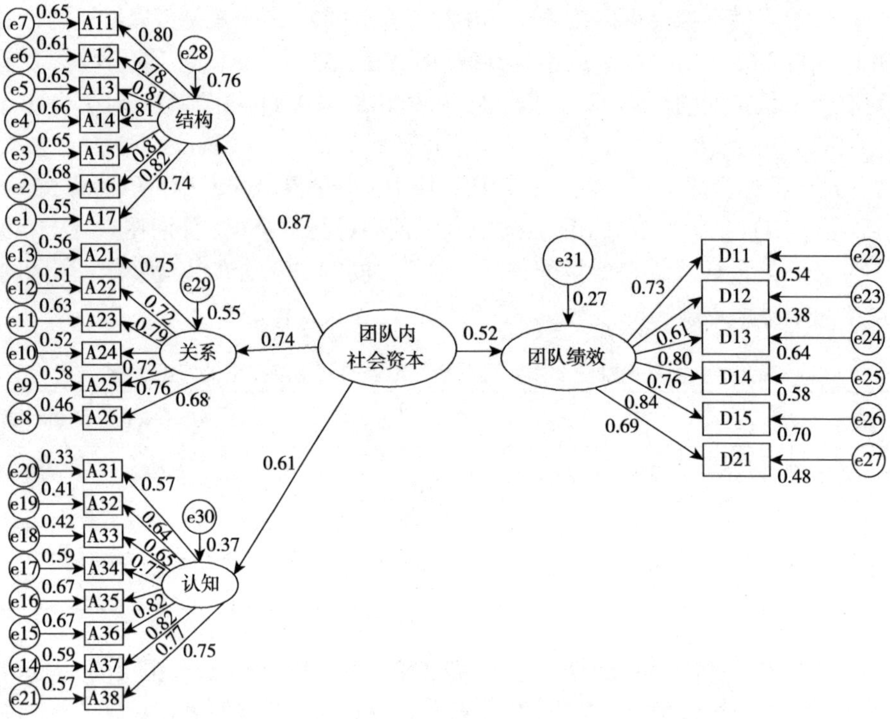

图 7.16　团队内社会资本对团队绩效影响的最终路径图

表 7.29　团队外社会资本对团队绩效影响的拟合检验

	χ^2	df	χ^2/df	GFI	AGFI	CFI	NFI	RMSEA
初始模型	100.48	35	2.870	0.950	0.916	0.970	0.955	0.064

总体看来模型拟合很好，χ^2/df 值为 2.870，小于 3 是可以接受的；GFI、AGFI、CFI 和 NFI 超过 0.9；RMSEA 为 0.064，是小于 0.1 的。

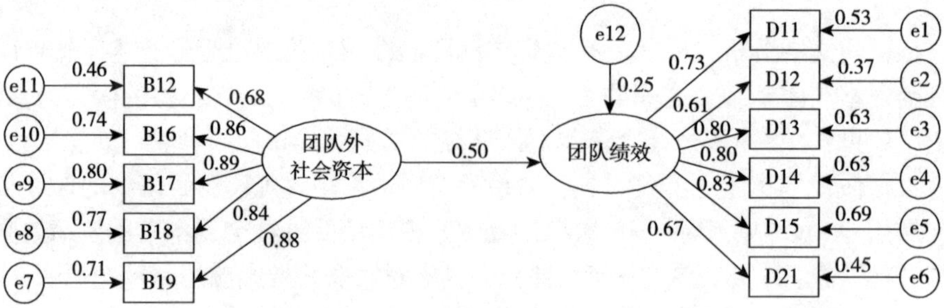

图 7.17　团队外社会资本对团队绩效影响的路径图

表 7.30　团队外社会资本对团队绩效影响结构参数估计与显著性检验

路径说明	路径系数	t 值
团队外社会资本 ——→ 团队绩效	0.50	7.802

第五节　知识吸收能力在团队社会资本与团队绩效间的中介作用

陈晓萍等（2008）指出：中介变量在研究中起着非常重要的作用，因为它可以用来解释现象。中介变量可分为：完全中介和部分中介。完全中介就是 X 对 Y 的影响完全通过 Z，没有 Z 的作用，X 就不会对 Y 产生影响；部分中介就是 X 对 Y 的影响部分是直接的，部分是通过 Z 发生的，X、Y 和 Z 的关系可以通过图 7.18 反映出来。比较常用的检验中介变量的方法是 Baron 和 Kenny（1986）的方法，包括三个步骤：①自变量 X 能显著地解释因变量 Y，图中的 c 显著不等于零；②自变量 X 能显著地解释影响中介变量 Z 的变化，图中的 a 显著不等于零；③同时把自变量 X 和中介变量 Z 放入因变量 Y 的影响模型中，分析自变量 X 对因变量 Y 的影响系数的变化，同时 b 应显著不等于零，若 $c_1=0$，则 Z 是完全中介变量；若 $c_1\neq0$，且 $c_1<c$，则 Z 是部分中介变量。

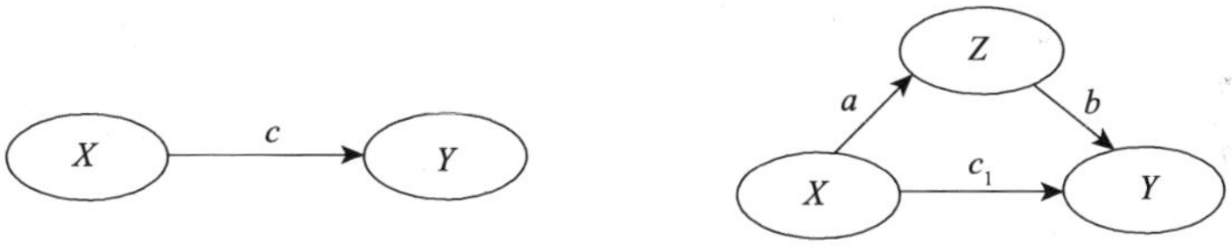

图 7.18　中介作用路径图

按照 Baron 和 Kenny（1986）提出的中介变量检验的三个步骤，本书已完成了中介作用验证的前两步：①团队内、外社会资本对团队绩效有显著的正向影响；②团队内、外社会资本对知识吸收能力有显著的正向影响，所以分别使团队内、外社会资本与知识吸收能力进入团队绩效影响的模型。

一、知识吸收能力在团队外社会资本与团队绩效间的中介作用

第五章第三节中提出的假设 5-10：知识吸收能力是团队外社会资本和团队绩效的中介变量。

为了检验知识吸收能力在团队外社会资本与团队绩效间的中介作用，根据假设 5-10 建立了表明三个变量关系的模型，采用大规模调研得到的 318 个数据，利

用 AMOS7.0 软件进行数据的处理，得出知识吸收能力在团队外社会资本及团队绩效间的中介作用的拟合检验指标，见表 7.31；知识吸收能力在团队外社会资本及团队绩效间的中介作用路径图见图 7.19；知识吸收能力在团队外社会资本及团队绩效间的中介作用的结构参数估计与显著性检验见表 7.32。

表 7.31 知识吸收能力在团队外社会资本及团队绩效间的中介作用拟合检验

模型	χ^2	df	χ^2/df	GFI	AGFI	CFI	NFI	RMSEA
模型 1	826.66	317	2.608	0.836	0.804	0.906	0.856	0.073

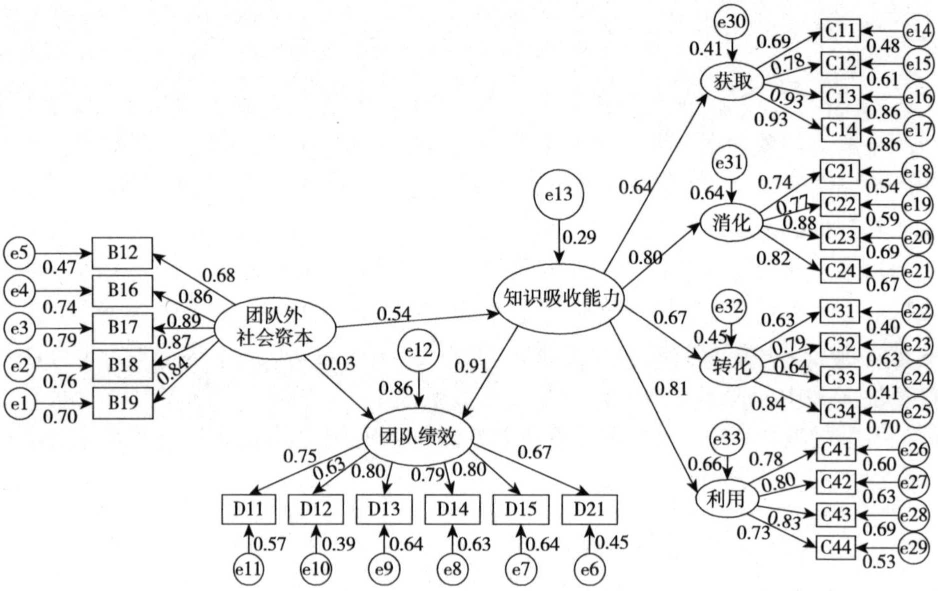

图 7.19 知识吸收能力在团队外社会资本和团队绩效间的中介作用路径图

总体看来模型拟合可以接受，χ^2/df 值为 2.608，小于 3 是可以接受的；GFI、AGFI、CFI 和 NFI 在 0.9 左右；RMSEA 为 0.073，是小于 0.1 的，综合权衡，模型拟合可以接受。

表 7.32 知识吸收能力在团队外社会资本及团队绩效间的中介作用的结构参数估计与显著性检验

路径说明	路径系数	t 值
团队外社会资本 ——→ 知识吸收能力	0.54	5.864
知识吸收能力 ——→ 团队绩效	0.91	7.662
团队外社会资本 ——→ 团队绩效	0.03	0.457

根据图 7.20 和表 7.32，团队外社会资本对知识吸收能力的影响、知识吸收能力对团队绩效的影响都达到了显著水平，但是团队外社会资本对团队绩效影响的路径系数为 0.03，且 t 值不显著，所以可以得出知识吸收能力在团队外社会资本与团队绩效之间发挥完全中介作用。

二、知识吸收能力在团队内社会资本与团队绩效间的中介作用

在第五章第三节中提出了假设 5-11：知识吸收能力是团队内社会资本和团队绩效的中介变量。

为了检验知识吸收能力在团队内社会资本与团队绩效间的中介作用，本书根据假设 5-11 建立了表明三个因子关系的模型，采用大规模调研得到的 318 个数据，利用 AMOS7.0 软件进行数据的处理，得出知识吸收能力在团队内社会资本与团队绩效间的中介作用的拟合检验指标，见表 7.33；知识吸收能力在团队内社会资本及团队绩效间的中介作用路径图见图 7.20；知识吸收能力在团队内社会资本及团队绩效间的中介作用的结构参数估计与显著性检验见表 7.34。

表 7.33 知识吸收能力在团队内社会资本与团队绩效间的中介作用拟合检验

模型	χ^2	df	χ^2/df	GFI	AGFI	CFI	NFI	RMSEA
模型 1	1620.889	844	1.920	0.804	0.80	0.907	0.825	0.055

因为团队内社会资本的模型基本稳定，所以带相连的残差项直接进入全模型。总体看来模型拟合可以接受，χ^2/df 值为 1.920，小于 3 是可以接受的；GFI、AGFI、CFI 和 NFI 在 0.9 左右；RMSEA 为 0.055，是小于 0.1 的，综合权衡，模型拟合可以接受。根据图 7.20 和表 7.34，团队内社会资本对知识吸收能力的影响、知识吸收能力对团队绩效的影响都达到了显著水平，但是团队内社会资本对团队绩效影响的路径系数为 0.07，且 t 值不显著，所以可以得出知识吸收能力在团队内社会资本与团队绩效间发挥完全中介作用。

表 7.34 知识吸收能力在团队内社会资本及团队绩效间的中介作用的结构参数估计与显著性检验

路径说明	路径系数	t 值
团队内社会资本 → 知识吸收能力	0.53	5.528
知识吸收能力 → 团队绩效	0.89	6.980
团队内社会资本 → 团队绩效	0.07	1.172

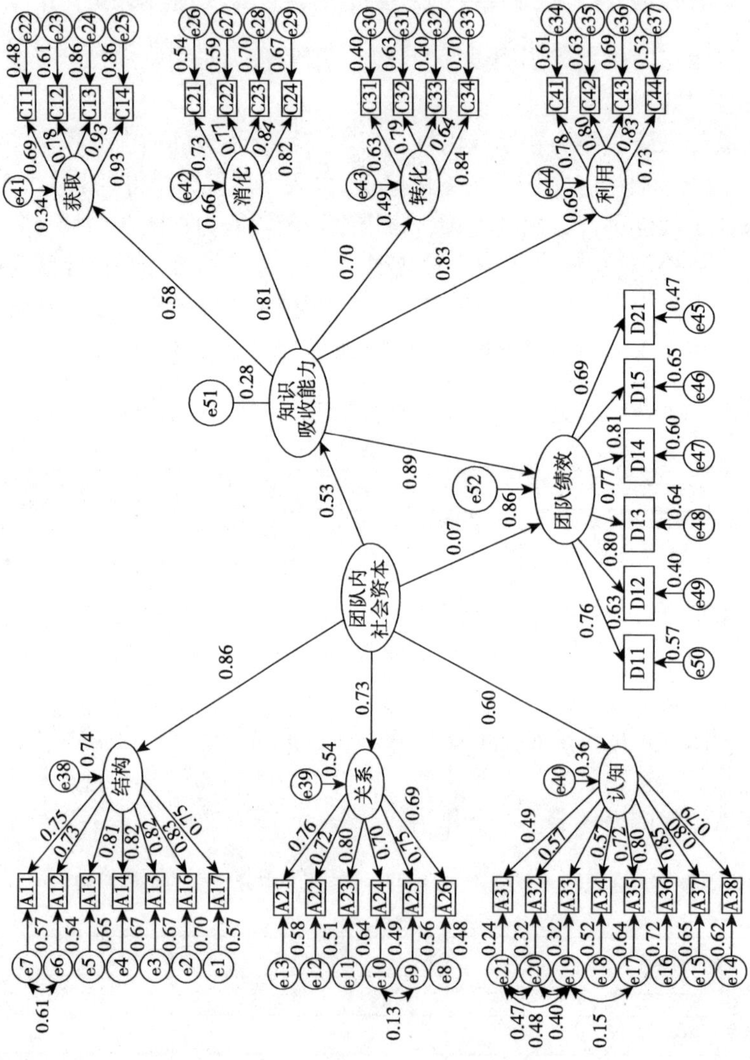

图7.20　知识吸收能力在团队内社会资本和团队绩效间的中介作用路径图

本章对变量交互影响进行验证。针对团队内社会资本与知识吸收能力，首先分析了团队内社会资本对知识吸收能力及其各维度的影响，其次分析了团队内社会资本各维度对知识吸收能力的影响及对知识吸收能力的各维度的影响。针对团队外社会资本与知识吸收能力，首先分析了团队外社会资本对知识吸收能力的影响，其次分析了团队外社会资本对知识吸收能力各维度的影响。针对知识吸收能力与团队绩效，首先分析了知识吸收能力对团队绩效的影响，其次分析了知识吸收能力各维度对团队绩效的影响。分别验证了知识吸收能力在团队内、外社会资本与团队绩效间的中介作用。

第八章　社会资本、知识吸收能力与团队绩效的关系

第一节　社会资本、知识吸收能力与团队绩效关系汇总

本书以高校科研团队为例，从环境、能力和结果视角，以社会学习理论、嵌入性理论和学习型组织理论为指导，提出了知识吸收能力作为团队内、外社会资本与团队绩效的中介变量。首先，分别用探索性因子建构团队内社会资本、团队外社会资本、知识吸收能力、团队绩效四个变量的构架，然后运用验证性因子分析方法检验各建构的真实性，最后运用结构方程分别验证知识吸收能力作为团队内社会资本与团队绩效的中介变量，知识吸收能力作为团队外社会资本与团队绩效的中介变量，见表 8.1~表 8.5。

表 8.1　团队内、外社会资本与知识吸收能力关系的假设及研究结论

假设		路径系数	t 值	假设检验结果
假设 5-5	团队内社会资本对知识吸收能力有显著的正向影响	0.75	5.571^{***}	支持假设
假设 7-1a	团队内社会资本对知识获取有显著的正向影响	0.31	4.813^{***}	支持假设
假设 7-1b	团队内社会资本对知识消化有显著的正向影响	0.64	6.226^{***}	支持假设
假设 7-1c	团队内社会资本对知识转化有显著的正向影响	0.81	5.850^{***}	支持假设
假设 7-1d	团队内社会资本对知识利用有显著的正向影响	0.61	5.526^{***}	支持假设
假设 7-1e	团队内社会资本结构对知识吸收能力有显著的正向影响	0.71	5.476^{***}	支持假设
假设 7-1f	团队内社会资本关系对知识吸收能力有显著的正向影响	–0.01	–0.260	不支持假设
假设 7-1g	团队内社会资本认知对知识吸收能力有显著的正向影响	0.10	1.743	不支持假设
假设 7-1h	团队内社会资本结构对知识获取有显著的正向影响	0.32	4.817^{***}	支持假设

续表

假设		路径系数	t 值	假设检验结果
假设 7-1i	团队内社会资本结构对知识消化有显著的正向影响	0.35	5.218***	支持假设
假设 7-1j	团队内社会资本结构对知识转化有显著的正向影响	0.28	4.123***	支持假设
假设 7-1k	团队内社会资本结构对知识利用有显著的正向影响	0.21	3.372***	支持假设
假设 7-1l	团队内社会资本关系对知识获取有显著的正向影响	0.28	3.452***	支持假设
假设 7-1m	团队内社会资本关系对知识消化有显著的正向影响	0.20	3.032**	支持假设
假设 7-1n	团队内社会资本关系对知识转化有显著的正向影响	0.21	3.119**	支持假设
假设 7-1o	团队内社会资本关系对知识利用有显著的正向影响	0.08	1.091	不支持假设
假设 7-1p	团队内社会资本认知对知识获取有显著的正向影响	0.36	3.545***	支持假设
假设 7-1q	团队内社会资本认知对知识消化有显著的正向影响	0.15	2.518*	支持假设
假设 7-1r	团队内社会资本认知对知识转化有显著的正向影响	0.28	4.343***	支持假设
假设 7-1s	团队内社会资本认知对知识利用有显著的正向影响	0.13	1.099	不支持假设
假设 5-6	团队外社会资本对知识吸收能力有显著的正向影响	0.58	5.265***	支持假设
假设 7-2a	团队外社会资本对知识获取有显著的正向影响	0.84	8.445***	支持假设
假设 7-2b	团队外社会资本对知识消化有显著的正向影响	0.40	6.047***	支持假设
假设 7-2c	团队外社会资本对知识转化有显著的正向影响	0.26	3.764***	支持假设
假设 7-2d	团队外社会资本对知识利用有显著的正向影响	0.41	6.081***	支持假设

*表示 t>1.96，p<0.05；**表示 t>2.58，p<0.01；***表示 t>3.25，p<0.001

表 8.2　知识吸收能力与团队绩效关系的假设及研究结论

假设		路径系数	t 值	假设检验结果
假设 5-7	知识吸收能力对团队绩效有着显著的正向影响	0.78	4.978***	支持假设
假设 7-3a	知识获取对团队绩效有显著的正向影响	0.42	6.98***	支持假设
假设 7-3b	知识消化对团队绩效有显著的正向影响	0.25	4.03***	支持假设
假设 7-3c	知识转化对团队绩效有显著的正向影响	0.27	3.87***	支持假设
假设 7-3d	知识利用对团队绩效有显著的正向影响	0.36	4.78***	支持假设

***表示 t>3.25，p<0.001

表 8.3　团队内、外社会资本与团队绩效关系的假设及研究结论

假设		路径系数	t 值	假设检验结果
假设 5-8	团队内社会资本对团队绩效有显著的正向影响	0.52	6.714***	支持假设
假设 5-9	团队外社会资本对团队绩效有显著的正向影响	0.50	7.802***	支持假设

***表示 t>3.25，p<0.001

表 8.4 知识吸收能力在团队外社会资本与团队绩效间的中介作用的假设及研究结论

假设		路径系数	t值	假设检验结果
假设 5-10	知识吸收能力是团队外社会资本和团队绩效的中介变量			支持假设
	团队外社会资本 ⟶ 知识吸收能力	0.54	5.864***	
	知识吸收能力 ⟶ 团队绩效	0.91	7.662***	
	团队外社会资本 ⟶ 团队绩效	0.03	0.457	

***表示 $t>3.25$，$p<0.001$

表 8.5 知识吸收能力在团队内社会资本与团队绩效间的中介作用的假设及研究结论

假设		路径系数	t值	假设检验结果
假设 5-11	知识吸收能力是团队内社会资本和团队绩效的中介变量			支持假设
	团队内社会资本 ⟶ 知识吸收能力	0.53	5.528***	
	知识吸收能力 ⟶ 团队绩效	0.89	6.980***	
	团队内社会资本 ⟶ 团队绩效	0.07	1.172	

***表示 $t>3.25$，$p<0.001$

第二节　学术环境的重要性：团队内、外社会资本的作用

一、对团队绩效的影响

团队内、外的社会资本是团队长期有意识地投资培养而形成的团队内、外部资源，团队内社会资本表现为团队内成员间静态内部联系、动态互动及信任氛围，以及团队共同语言和愿景等。团队外社会资本表现为团队与团队外组织，包括与政府相关部门、同行业的研究团队、顾客及相关的企业等的联系和互动。团队内、外社会资本都是团队行为选择的结果，是团队的内、外环境资源，关系网络视角的团队学术环境表现为团队社会资本，团队的学术环境包括团队内的学术环境和团队外学术环境。

依据文献分析，对于团队内社会资本对团队绩效的关系有两种观点：一种观点是高内部社会资本会促进知识交换，提高知识交换的效率，降低交易成本、促进创新；另一种观点是高内部社会资本使内部成员之间联系过强，会使得团队内部的整合能力过强，团队间联系弱化，不利于团队的创新和发展，会阻碍新成员、新观点和新思路，禁锢创新。学者对这一研究问题的不一致看法引发了对团队内

社会资本对团队绩效的影响机制的研究，本书以高校科研团队为例，利用结构方程模型分析了二者之间的关系，表明团队内社会资本对团队绩效的影响系数为0.52，且具有统计的显著性，在团队层面上验证了团队内社会资本促进团队绩效提升的论断。由此可以得出，良好的团队内部学术环境是提高科研团队绩效的基本保障，首先，科研工作不是靠单兵作战就能完成的，团队成员间需要交流、相互启发，合作、协同、交流互动等因素能有效地触发团队成员的创新灵感，通过正式或非正式的沟通互动，如定期的讨论会、专题研讨会、学术沙龙等，加强团队成员间的互动，可以拓宽成员的研究视野、获取更多的与研究主题有关的信息、集思广益，充实和完善研究思路。其次，高团队内社会资本表示成员间的信任程度较高，成员间客观地、开诚布公地评价对方的研究思路或方案，避免唯“上”是从，避免屈从于权威，唯科学真理是从。自由交流和建设性批评能使团队成员间毫无保留地分享研究思路和研究见解，成员间的相互信任可以建立可靠的预期，减少不确定性，从而减少监督成本、交易成本等，提高合作的效率。最后，高团队内社会资本表示成员对专业术语、专业符号及团队经常用到的工具都很熟悉，有一致的行为规范和共同的目标。团队成员对基础工具的熟练掌握可为科研效率的提高提供保障；同时一致的行为规范界定了团队成员“可以做什么”“不可以做什么”，可以使团队成员的“不良”行为得到有效的遏制；共同的目标为团队成员指明了努力的方向，明确了预期成果。总之，团队内部社会资本对团队绩效的提高起正向的促进作用，但影响机理需进一步探究。

团队外社会资本表现为团队与外部相关组织的联系和互动。依据前面的文献分析，学者一致的观点是，团队外社会资本对组织或团队绩效的提高有正向影响。本书以高校科研团队为例，实证研究得出团队外社会资本正向影响团队绩效，影响系数为0.50，具有统计上的显著性。潘喆（2010）指出团队内、外社会资本都对团队绩效起明显的促进作用，团队外社会资本用纵向联系、横向联系和社会联系来测量，但只给出了概念模型，没有检验。本书基于高校科研团队对此假设进行了检验，在团队层面上验证了团队外社会资本对团队绩效的提高有正向影响。由此可以得出，良好的团队外学术环境是提高团队绩效的保障。团队外学术环境指高校科研团队与团队外组织的联系和互动，包括政府相关部门、同行业的研究团队、顾客及相关的企业，这些联系和互动一方面有助于团队及时把握政策导向，发现和利用更多的机会；另一方面，通过深入的联系和互动把握顾客和企业的需求动向，深入理解他们的需求，科研团队的问题导向会更清晰；同时通过与同行业研究团队的交流，能把握所在行业的最新信息和技术，及时了解和掌握本研究领域的前沿动态和研究趋势。总之，团队外部社会资本对团队绩效的提高起正向的促进作用，但影响机理需进一步探究。

综上研究结论可得：团队内、外社会资本对团队绩效的提高有正向影响。团队内、外社会资本是团队的一种环境资源，是团队长期以来投资培养而形成的，是团队行为选择的产物，学术环境对于科研团队来讲就好像水、阳光和土壤对种子的作用一样，是提高团队绩效的保障，团队内、外社会资本影响团队绩效的内部机制是本书进一步探讨的。

二、对知识吸收能力的影响

团队知识吸收能力是团队在获取知识、消化知识、转化知识和利用知识过程中呈现出的能力综合，这种能力是团队的一种集体学习力，是把团队知识处理技能有效整合后的一种能力，对于高校科研团队来讲，知识运作过程视角的团队学术能力表现为团队知识吸收能力。本书基于高校科研团队，通过结构方程模型方法分四步研究团队内社会资本与知识吸收能力之间的关系。①分析团队内社会资本对知识吸收能力的影响，团队内社会资本对知识吸收能力的影响系数为 0.75，并且具有统计的显著性,说明团队内社会资本对知识吸收能力有明显的促进作用。②分析了团队内社会资本对知识吸收能力各维度的影响。团队内社会资本对知识吸收能力各维度按影响系数从高到低排序依次为：对知识转化能力的影响系数是 0.81，具有统计的显著性；对知识消化能力的影响系数是 0.64，具有统计的显著性；对知识利用能力的影响系数是 0.61，具有统计的显著性；对知识获取能力的影响系数是 0.31，具有统计的显著性。从上述结果可以看出，其中，团队内社会资本对团队的知识转化能力影响系数最高，说明团队内社会资本是影响团队利用知识解决问题的关键因素，在团队分析层面上得出团队内社会资本是影响知识转化的关键因素。③分析了团队内社会资本各维度对知识吸收能力的影响。首先，结构维度对知识吸收能力影响系数为 0.71，且具有统计的显著性，说明在高校科研团队中，团队内成员间的联系程度和互动强度是影响团队知识吸收能力的关键要素，联系频繁，深入互动交流能有效提高团队知识吸收能力。其次，关系维度对知识吸收能力的影响系数为-0.01，影响不显著，说明团队中成员的敬业程度、负责任的态度及无拘无束地讨论问题等对团队知识吸收能力作用有限。最后，认知维度对知识吸收能力的影响系数为 0.10，影响不显著。这也是本书以高校科研团队为研究对象的一个新发现，在认知层面上，共同的语言、共同的行为规范可以使团队成员步调一致，同时会形成团队固化的互动模式，形成对新观点、新做法的不认同，制约创新。进一步说明了团队内社会资本的不同维度对知识吸收能力的影响是不同的，建议是在高校科研团队中，应允许“百花齐放、百家争鸣”。④分析了团队内社会资本各维度对知识吸收能力各维度的影响。首先，团队内社会资本结构维度对于知识吸收能力的四个维度影响系数大小排列为：对知识消化能力维度的影响系数为 0.35，具有统计的显著性；对知识获取维度的影响系数为 0.28，具有统计的显著性；对知识转化能力维度的影响系数为 0.28，具有统计的显著性；对知识利用能力的影响系数为 0.21，具有统计的显著性。其次，团队内社会资本关系维度对知识吸收能力的知识利用维度影响不显著，对其余三个维度按影响系数大小排列为：对知识获取能力维度的影响系数为 0.28，具有统计的显著性；对知识转化能力维度的影响系数为 0.21，具有统计的显著性；对知识消化能力维度的影响系数为 0.20，具有统计的显著性。最后，团队内社会资本认知维度对知识利用能力影响不显著，对知识获取能力维度的影响系数为 0.36，具有统计上的显著性；对知识转化能力维度的影响系数是 0.28，具有统计上的显著性；对知识消化能力维度的影响系数为 0.15，具有统计上的显著性。进一步在高校科研团队中验证了共同的语言、共同的认知不会促进知识创新的观点。

本书基于高校科研团队，通过结构方程模型方法从团队外社会资本对知识吸收能力的影响及对知识吸收能力的四个维度的影响分别进行了分析。①团队外社会资本对知识吸收能力的影响系数为 0.58，具有统计上的显著性，说明团队外学术环境对知识吸收能力的有显著的正向影响。②团队外社会资本对知识吸收能力各维度的影响按影响系数从大到小依次为：对知识获取能力维度影响系数为 0.84，具有统计上的显著性；对知识利用能力维度影响系数为 0.41，具有统计上的显著性；对知识消化能力维度影响系数为 0.40，具有统计上的显著性；对知识转化能力维度有着显著的正向影响，影响系数为 0.26。由上述分析结果可以看出，高校科研团队外社会资本对团队知识的获取有重要的影响，这印证了传统的组织外社会资本可以获取更多的异质资源的观点。同时，根据实证研究结果我们也发现：团队外社会资本对知识消化能力和知识利用能力有比较强的影响，这说明，高团队外社会资本也就是密切的联系和较强的互动可以加深知识吸收主体对知识的理解程度，有效地促进团队成员以简练的语言把复杂的知识原理在组织内部传播，可以使团队成员在较短的时间内深入理解知识的内涵，同时高团队外社会资本表示团队与外部同类科研院所、企业、顾客及有关的政府部门联系和互动程度高，与企业和顾客的高度联系和互动强化了团队的服务意识，与政府相关部门的联系和互动使团队能及时掌握和了解政府的政策导向，提高团队发现机会、利用机会的能力，因此高团队外社会资本可以提高团队的知识利用能力。

第三节　学术能力的重要性：知识吸收能力的作用

一、对团队绩效的影响

团队知识吸收能力是团队在获取知识、消化知识、转化知识和利用知识过程中呈现出的能力综合。知识运作过程视角的团队学术能力表现为团队知识吸收能力，是团队对知识进行加工、处理及有效地利用知识的能力。高校科研团队绩效是团队在一定时期的产出，本书基于高校科研团队，利用结构方程模型分析方法研究知识吸收能力与团队绩效变量之间的关系，研究发现了以下几点。①知识吸收能力对团队绩效起正向影响作用，影响系数为 0.78，且具有统计上的显著性。因此，培育科研团队知识吸收能力可以大大提高团队绩效。②在此基础上进一步分析了知识吸收能力各维度对团队绩效的影响，期望更深入地解释二者之间的关系，知识吸收能力各维度对团队绩效的影响如下：知识获取能力对团队绩效影响系数为 0.42，具有统计上的显著性；知识利用能力对团队绩效影响系数为 0.36，具有统计上的显著性；知识转化能力对团队绩效影响系数为 0.27，具有统计上的显著性；知识消化能力对团队绩效影响系数为 0.25，具有统计上的显著性。该研究结论与以组织为研究对象得出的知识吸收能力的各维度对组织竞争优势和组织绩效的影响不同，在组织层面的研究结论是：知识利用能力与竞争优势存在直接的显著相关关系，知识获取能力、知识消化能力及知识整合能力等三个维度与组织竞争优势不存在显著的直接相关关系。高校科研团队有其独特性，是以知识为原料、知识为产出的研发实体，团队知识获取的能力及知识利用的能力是影响团队绩效的关键因素，同时不可忽略团队的知识消化和知识转化能力。根据此研究结论得出的高校科研团队管理的建议是：一方面通过提高科研团队成员的实践意识，提高团队的知识利用能力，把知识转换为生产力，服务社会、服务经济发展、服务企业应成为高校科研团队的科研指向；另一方面要通过团队成员的沟通交流，快速把“团队外部知识”变为“团队内部知识”。

二、在团队外社会资本与团队绩效间的完全中介作用

在团队外社会资本对团队绩效影响分析的基础上，提出了“知识吸收能力是团队外社会资本与团队绩效的中介变量”，通过应用结构方程模型方法验证了知识吸收能力是团队外社会资本和团队绩效的完全中介变量。团队外社会资本对知识吸收能力影响系数是 0.54，具有统计上的显著性；知识吸收能力对团队绩效的影响系数为 0.91，具有统计上的显著性；团队外社会资本对团队绩效的影响系数 0.03，t 值不显著。所以，知识吸收能力是团队外社会资本与团队绩效的完全中介变量。彭灿和李金蹊（2011）通过实证研究发现，团队外部学习能力是团队外部社会资本与团队内部学习能力之间的中介变量。与本书的研究结论相同的一点是：团队要加强与团队外部成员的联系和互动，但这种联系和互动只是给团队提供了一种优良的环境资源，团队只有通过提高知识吸收能力才能有效地利用这种环境资源，进而提高团队绩效。由此可以得出，对于高校科研团队来讲，团队外部学术环境通过团队学术能力进而影响着科研团队绩效，团队学术能力发挥着重

要的转换作用。

三、在团队内社会资本与团队绩效间的完全中介作用

在分析团队内社会资本对团队绩效影响的基础上，为进一步揭示其影响机制，提出了"知识吸收能力是团队内社会资本与团队绩效的中介变量"，通过应用结构方程模型方法验证了知识吸收能力是团队内社会资本和团队绩效的完全中介变量，团队内社会资本对知识吸收能力影响系数是 0.53，具有统计上的显著性；知识吸收能力对团队绩效的影响系数为 0.89，具有统计上的显著性；团队内社会资本对团队绩效的影响系数 0.07，t 值不显著。这就说明了知识吸收能力在团队内社会资本与团队绩效之间发挥完全中介作用。柯江林等（2007）研究指出，知识分享和知识整合作为团队社会资本和团队绩效的中介变量，解释了团队社会资本和团队知识运作过程的关系，把知识运作过程界定为知识分享和知识整合，其忽略了知识过程中的关键一环：知识获取。本书以知识吸收能力为中介变量分析团队内社会资本对团队绩效的影响。从研究结论中可得到的启示是：在高校科研团队的实际运作中，团队仅有较高的内部社会资本，可能会导致"你好，我好，大家都好的乡村俱乐部"，只有通过高的团队知识吸收能力的作用，团队才能有效地融合内、外部知识，表现为创新力较强的"战斗集体"。进一步说明了团队内部社会资本对团队绩效的影响是通过知识吸收能力而发生的。由此可以得出，对于高校科研团队来讲，团队内部学术环境通过团队学术能力进而影响着科研团队绩效，团队学术能力发挥着重要的转换作用。究其原因，例会、沟通制度、学习氛围为团队学习建立了一个平台，该科研团队建立了良好的合作机制、沟通机制和科研例会机制，实际只是营造了一种学习的环境，而更为关键的是知识在此平台上是如何流动、转移、发挥作用的。

第九章　结　束　语

一、理论贡献

本书吸收和借鉴前人在企业层次上的研究成果，在团队层面上，基于高校科研团队采用结构方程分析方法对团队内社会资本、团队外社会资本、知识吸收能力与团队绩效间的关系进行了实证研究，得到了一些研究结论，总结如下。

（1）团队内社会资本是一个包含三个维度的变量，团队外社会资本为单维变量。通过第二章的社会资本文献综述可以看出，虽然对团队内社会资本的维度结构存在着不同的见解，但大多数团队内社会资本的研究是采用经典的社会资本的结构、关系和认知三维度，鉴于这样的研究现状，本书以高校科研团队为分析对象，通过参考相关文献、访谈等方式确定团队内社会资本的测量采用传统的结构、关系和认知三维度，经过预测试的分析和大规模调查数据的验证，确认了团队内社会资本三维度结构的合理性。根据高校科研团队的特点，参考了 Oh 等（2006）关于团队外社会资本的两维度——垂直联系互动和水平联系互动来开发测量团队外社会资本的测量题项。通过预调查的探索性因子分析，结果表明与两个维度思想有差距，团队外社会资本为单维变量，后用大规模调研的数据进一步验证了变量结构的合理性。

（2）知识吸收能力是一个包含四个维度的变量。由于目前没有现成的团队层面的知识吸收能力量表，所以以经典的 Zahra 和 George（2002）的组织知识吸收能力四维度为基础，参考了 Flatten 等（2011）的量表，通过征求专家的意见，进行了措辞上的修改。通过预测试的分析和大规模调研数据的验证，确认了团队层面的知识吸收能力四维结构的合理性，同时知识吸收能力的量表为团队知识处理过程的测量提供参考。

（3）发现了知识吸收能力在团队内社会资本与团队绩效间的完全中介作用。本书以高校科研团队成员为调查样本，重点分析了团队内社会资本对团队绩效影响机理，知识吸收能力的介入可以有效地实现团队内社会资本转化为团队绩效。

实证研究结果表明知识吸收能力在团队内社会资本与团队绩效间起完全中介作用。知识吸收能力是组织在知识处理过程中呈现出的能力的综合，表现为团队的学术能力。对于高校科研团队来讲，团队内社会资本是团队的学术环境资源，在此环境影响下，在知识的处理过程中呈现出的能力是影响团队绩效的关键因素。目前在团队层面上探讨三者之间关系的文献较少，本书的研究结论对于进一步深化认识团队的知识运作过程有重要的借鉴意义。

（4）发现了知识吸收能力在团队外社会资本与团队绩效间的完全中介作用。以高校科研团队成员为调查样本，对团队外社会资本对团队绩效的影响机理进行了深入分析，研究结果表明知识吸收能力在团队外社会资本与团队绩效间具有完全中介作用。团队外社会资本表现为团队的一种外部学术环境资源，借助该环境资源，团队可以获取更多的异质知识和信息的观点，同时团队外社会资本对知识消化能力、知识转化能力及知识利用能力有比较强的影响，这些能力直接正向影响着团队绩效。总之，本书发现团队内、外社会资本通过知识吸收能力影响团队建设。

二、实践意义及管理启示

科研团队作为高校科研工作的载体，其社会资本表现为一种重要的团队学术环境资源，知识吸收能力表现为团队学术能力，研究结论表明：科研团队的学术环境对于团队绩效的影响是通过团队学术能力发生的，可以为高校科研团队知识管理提供参考。

（一）拓展社会资本理论的研究范围

基于社会学视角提出社会资本是影响高校科研团队绩效的因素并解释其影响机制，补充和完善已有的社会资本的研究结论。

社会学和管理学对话而产生的“社会资本”是用来诠释群体内部的关系及群体间的关系的。社会资本是一种镶嵌在行动者的联系结构之中的资源。作为研究社会关系网络的学说，社会资本理论关注个体和群体本身的真实存在的正式或非正式的联系网络。每个团队都不是原子化的，团队有其客观生存和发展的网络联系，团队中的每个成员也不是原子化的，单纯把团队看作一个孤立的个体研究团队本身的问题，是不符合团队的真实生存状态的，从团队所处的网络和联系的方方面面来审视团队绩效的影响因素十分必要。团队绩效的提升不仅有团队本身的因素，而且有团队所处的网络和社会联系优势。20 世纪 90 年代研究者开始关注从动态过程分析团队的输入和团队过程对团队绩效的影响，指出团队绩效与团队成员的社会交往和联系有密切联系，团队绩效与团队的外部社会交往和联系有密切关系，同时与团队内部成员的联系是否密切、合作是否有效也密切相关。随着团队外部环境的复杂性、多变性和不确定性的增强，团队内、外部联系对团队绩效的作用引起许多学者关注。关系网络对主体本身的生存、发展和价值的实现会不会产生影响、产生什么样的影响都是我们关注的问题，从社会资本视角研究团队绩效，可使我们的研究更加接近现实的真实状态，它使现实生活中存在但在管理研究中常被忽略的因素进入研究视野，可以为很多现象和管理行为提供新的解释和新的认识。

科研团队加强团队社会资本建设，形成良好的团队学术环境是团队的基础工作。科研要重视团队内社会资本的培育和建设，在团队内部成员间形成良性的社会联系，提高互动的频率，可以解决团队内成员交流和互动中存在的问题；建立一种负责任、相互信任、共同提高的文化氛围，使团队围绕本研究领域形成有效协作的团队优势，可以解决团队成员合作中的"作"而不"合"的问题。同时要注意积累团队外社会资本，加强与团队外的利益相关者的联系互动和交流，要鼓励团队成员代表团队加强与政府相关部门联系，以更好地把握政策走向；加强与科研院所等的联系，尤其是要经常选派从事专业技术的研究人员参加各种专业领域学术报告会、交流会，让成员既能够及时掌握和了解国内外科技发展动态，拓宽思路，同时宣传和推广了团队。加强与企业的沟通合作与对接，这不但可以准确把握市场需求动向，而且可以为提高科研成果的转化率打下坚实的基础，实现与外部组织的有效协同。

（二）丰富科研团队绩效管理研究内容

基于知识管理视角，分析高校科研团队知识吸收能力的前因及后果，揭示科研团队的真实运作环境，明确高校科研团队绩效的形成机制。

第一，知识作为高校科研团队的血脉，是提升团队竞争优势的重要源泉，也是提升团队绩效的着眼点和发力点。第二，高校科研团队是由拥有不同技能的成员在分工的基础上进行合作的，团队成员的投入更多地表现为知识和技能，而这种投入是难以准确计量的，这就会造成各成员努力保护和减少自身知识付出而希望最多的分享其他成员知识资产的"免费搭车"现象。第三，团队目标和个人功利性目标冲突，进而出现一个和尚挑水喝，两个和尚抬水喝，三个和尚没水喝的状况，出现 1+1<2 的结果。上述问题主要产生于高校科研团队成员间的知识互动过程中，团队的本质是由人所组成的社会共同体，团队内部成员之间的关系影响成员之间的知识流动。因此，通过解释团队内、外知识互动方面的"交"而不"流"、"互"而不"动"现象的前因，解释团队内部学术合作方面，存在"作"而不"合"状况的形成机理，为提升科研团队绩效提供思路。

提高团队知识吸收能力，形成高水平的学术能力是科研团队的关键工作。科研团队要重视知识吸收能力的培养，它是联结团队内外社会资本与团队绩效的桥梁，科研团队知识吸收能力表现为团队学术能力，通过团队学习提高团队学术能力，团队学习应包括各种形式——对外交流式学习、内部的问题导向式学习、内部交流式学习、干中学等，通过各种形式的学习提高团队的知识获取能力、知识消化能力、知识转化能力及利用能力。

（三）明晰提高科研团队绩效的路径

社会资本作为一种重要的团队学术环境资源，知识吸收能力作为团队学术能力，科研团队的学术环境对于团队绩效的影响是通过团队学术能力而发生的，通过分析学术环境中的因素、团队学术能力对团队绩效的影响程度，明确分析环境、适应环境、利用环境和建设学术环境的手段与方法。通过分析团队学术能力对团队绩效的影响，明确提升科研团队绩效的路径及方法。

本书希望拓展社会资本理论研究领域的范围，一方面，将科研团队社会资本理论的研究与知识吸收能力和团队绩效相结合,进一步推动社会资本理论的研究；另一方面，通过对具体的“知识型团队”背景下社会资本理论的补充和完善，在一定程度上丰富了团队理论的研究，从团队内、外社会资本视角揭示“协同”包括团队内部协同与外部协同对知识生产及应用和团队绩效的影响，可以为科研团队管理者采用有效的措施提高团队绩效提供实践指导和借鉴。

三、本书不足之处及研究展望

本书的不足之处：①没有深入分析团队内社会资本各维度之间的关系，结构维度、关系维度和认知维度之间是否存在因果关系，何为因，何为果，可进一步探讨。②没有深入分析知识吸收能力各维度之间的关系，从知识的运作过程看，知识获取能力、知识消化能力、知识转化能力与知识利用能力是一个先后相连的环节，这些能力之间是否存在因果关系，有待进一步解释。③本书界定的高校科研团队包括课题组、研究生团队和研究所（中心），这些团队类型虽然都是高校科研团队的代表，但其知识运作过程又有一定的区别，如研究生团队和部分纵向课题组可能更侧重学习研究，横向课题组可能更侧重服务企业的职能，研究（所）中心更侧重创新研究等。本书没有再进一步地分析各种类型的科研团队在团队社会资本、知识吸收能力与团队绩效间的关系是否有差异性，没有就这些差异性展开进一步的分析。④研究样本的选择及数据的收集，本书研究层次在团队层面，而调查对象是团队中的成员，所以问卷中测量题项的设计是问团队成员对团队的社会资本、知识吸收能力及团队绩效的主观感受。在调查对象的确认中，只要调查对象属于上述团队中的成员，就可以填写自己对所在团队整体的评价，收集到的数据是团队层次的数据，这种数据处理的方式有一定的科学依据，但没有跨层次的分析方法更准确。

未来研究展望:①深入分析高校科研团队内社会资本的三个维度之间的关系。②研究高校科研团队知识吸收能力各构成维度的相互关系，对知识吸收能力机制做进一步的解析，解释知识吸收能力各维度之间的相互影响程度。③探索不同类型的高校科研团队的内外部社会资本、知识吸收能力与团队绩效的关系，并进行比较分析，更进一步厘清不同类型的高校科研团队的社会资本影响团队绩效的机理特征，可进一步引进调节变量，以期更清楚地解释三者之间的关系。④运用更准确的跨层次分析方法深入研究社会资本和知识吸收能力对团队绩效的影响。

参考文献

阿吉里斯 C. 2004. 组织学习[M]. 张莉，李萍，译. 北京：中国人民大学出版社.

包含丽，郑伟，韦小青. 2012. 基于 AHP 和 TOPSIS 的高校科研团队绩效评价研究[J]. 科技管理研究，32（10）：114-117，127.

边燕杰，丘海雄. 2000. 企业的社会资本及其功效[J]. 中国社会科学，（2）：87-99，207.

伯特 R. 2008. 结构洞：竞争的社会结构[M]. 任敏，李璐，林虹，译. 上海：格致出版社.

卜长莉，金中祥. 2001. 社会资本与经济发展[J]. 社会科学战线，（4）：217-222.

卜长莉. 2006. 社会资本的负面效应[J]. 学习与探索，（2）：54-57.

布尔迪厄 P. 1997. 文化资本与社会炼金术[M]. 包亚明，译. 上海：上海人民出版社.

蔡翔，李翠. 2009. 团队绩效影响因素研究述评[J]. 商业研究，（8）：23-25.

曹玲，顾兵光. 2018. 社交网络情境下社会资本影响知识共享的效果分析[J]. 现代情报，38（2）：41-47.

陈劲，蒋子军，陈钰芬. 2011. 开放式创新视角下企业知识吸收能力影响因素研究[J]. 浙江大学学报（人文社会科学版），41（5）：71-82.

陈璐，杨百寅，井润田，等. 2009. 高层管理团队内部社会资本、团队冲突和决策效果的关系——研究综述与理论分析框架[J]. 南开管理评论，（6）：42-50.

陈晓萍，徐淑英，樊景立. 2008. 组织与管理研究的实证方法[M]. 北京：北京大学出版社.

陈元义，陈国嘉. 2006. 建构任务特性、组织知识能力与组织效能之关系架构[J]. 生产力研究，（5）：201-203，221.

崔志，于渤，郝生宾. 2007. 企业知识吸收能力对竞争优势影响的实证研究[J]. 工业技术经济，（11）：29-34.

达文波特 T H. 1999. 营运知识：工商企业的知识管理[M]. 王者，译. 南昌：江西教育出版社.

戴勇，朱桂龙，刘荣芳. 2018. 集群网络结构与技术创新绩效关系研究：吸收能力是中介变量吗?[J]. 科技进步与对策，35（9）：16-22.

德鲁克 P. 1999.知识管理[M]. 杨开峰，译. 北京：中国人民大学出版社.

邓颖翔，朱桂龙. 2009. 吸收能力在创新过程中的中介作用研究——来自珠三角企业的经验证据[J]. 科学学与科学技术管理，30（10）：85-89.

范建民，李传辉，刘嵩. 2009. 团队知识能力集成机理研究[J]. 河北经贸大学学报，30（2）：74-77.

范群林. 2016. 外部知识、吸收能力与创新绩效——基于文化科技融合的视角[J]. 现代情报，36（2）：12-19.

福山 F. 2001. 信任：社会美德与创造经济繁荣[M]. 彭志华，译. 海口：海南出版社.

付二晴，蔡建峰. 2006. 基于能力知识管理水平的模糊评价[J]. 情报科学，（5）：663-667.

付亚和，许玉林. 2003. 绩效管理[M]. 上海：复旦大学出版社.

顾琴轩，王莉红. 2015. 研发团队社会资本对创新绩效作用路径——心理安全和学习行为整合视角[J]. 管理科学学报，18（5）：68-78.

顾晓. 2013. 高管团队社会资本对企业创新能力的影响——以江西省上市公司为例[D]. 江西师范大学硕士学位论文.

郭淑芬，郭金花，李晓琪. 2017. 合作创新质量、知识吸收能力与企业创新绩效——基于太原高新区科技型中小企业的实证研究[J].南京工业大学学报（社会科学版），16（3）：89-99.

郭彦. 2011. 高校科研团队内社会资本与成员间知识转移关系研究[D]. 华南理工大学硕士学位论文.

韩子天，谢洪明，王成. 2008. 结构和关系维度的内部社会资本对绩效影响的实证研究[J]. 科学学与科学技术管理，（8）：151-155.

何大军. 2008. 高层管理团队社会资本对企业多元化战略与绩效的影响——基于中国上市公司的实证研究[D]. 复旦大学博士学位论文.

何永清，张庆普. 2013. 基于模糊一致偏好关系的知识吸收能力评价研究[J].情报理论与实践，36（1）：69-73，42.

洪雁，王端旭. 2009. 科研团队知识转移困境[J]. 现代管理科学，（4）：88-89.

胡泽民，刘杰，莫秋云，等. 2017. 基于 DEA-FCA 模型的科技创新团队绩效评价研究[J]. 科技管理研究，（14）：64-69.

纪慧生，陆强. 2010. 基于知识网络的团队研发能力增长研究[J]. 科学学与科学技术管理，31（1）：178-183.

蒋娇，吴价宝，张帅兵. 2013. 一种基于“PERFORM”的团队绩效评价新体系[J]. 科技管理研究，33（12）：53-58.

居佳，任旭，郝生跃. 2018. 基于文化演化视角的项目团队内知识转移仿真研究[J]. 情报杂志，37（1）：169-178.

柯江林. 2010. 企业研发团队的社会资本——测量、理论与实证[M]. 北京：知识产权出版社.

柯江林，孙健敏，石金涛，等. 2007. 企业 R&D 团队之社会资本与团队效能关系的实证研究——以知识分享与知识整合为中介变量[J]. 管理世界，（3）：89-101.

孔春梅，王文晶. 2016. 科技创新团队的绩效评估体系构建[J]. 科研管理，37（S1）：517-522.

雷宏振，刘海东. 2013. 组织成员关系、知识吸收能力对知识整合的影响研究[J]. 现代情报，33（1）：18-21，25.

李金蹊. 2011. 团队外部社会资本对团队学习能力的影响研究——以企业研发团队为例[D]. 南京航空航天大学硕士学位论文.

李巨光，张保明，苗水清. 2010. 科技创新团队绩效评价指标体系的构建[J]. 中国人才，（17）74-76.

李林，谢莉莉，何建洪. 2017. 社会资本影响社交网络知识共享效果的实证研究——以“知乎”为例[J]. 科技进步与对策，34（15）：127-135.

李文元，张鑫. 2015. 中小企业吸收能力形成及特征研究——基于苏州市中小企业数据[J]. 软科学，29（7）：89-93.

李霞，刘国新. 2012. 高校创新型科研团队行为理论研究综述[J]. 科技进步与对策，29（11）：156-160.

李雪芹，周怀营，蔡翔. 2010. 高校科研团队信任与知识共享关系实证研究[J]. 图书情报工作，54（10）：92-95.

李燕华，宋福烨. 2007. 企业外部社会资本对企业间知识转移的影响分析[J]. 统计与决策，（21）：179-182.

李贞，张体勤. 2018. 中国高校人文社科团队绩效评价指标体系研究——基于 IMO 模型分析[J]. 重庆大学学报（社会科学版），24（2）：77-86.

李贞，张体勤，吴彬. 2013. 高校人文社科学术创新团队绩效评价体系的优化探析[J]. 东岳论丛，34（12）：188-191.

林南. 2001. 社会资本：争鸣的范式和实证的检验[J]. 香港社会学学报，2：1-35.

刘兵，张田祥，李嫄，等. 2013. 高管团队社会资本对企业战略柔性的影响研究[J]. 河北工业大学学报，42（5）：104-109.

刘春艳，马海群. 2018. 产学研协同创新团队知识转移影响机理的实证研究[J]. 情报理论与实践，41（4）：87-93.

刘辉琴. 2009. 高校科研团队内部知识转移绩效影响因素的实证研究[D]. 浙江工业大学硕士学位论文.

刘慧群. 2010. 高校科研团队绩效考核机制研究[J]. 科技进步与对策，27（24）：138-142.

刘松博. 2007. 对社会资本和企业社会资本概念的再界定[J]. 安徽大学学报（哲学社会科学版），（6）：81-86.

刘学元，刘璇，赵先德. 2016. 社会资本、知识获取与创新绩效:基于供应链视角[J]. 科技进步与对策，33（4）：119-126.

罗家德，郑孟育，谢智棋. 2007. 实践性社群内社会资本对知识分享的影响[J]. 江苏社会科学，（3）：131-141.

罗顺均. 2015. 企业吸收能力对“引智”学习的影响研究——珠江钢琴纵向案例研究[J]. 科学学与科学技术管理，36（2）：122-131.

骆嘉琪，匡海波. 2015. 高校科技创新团队科研资源绩效评价指标体系[J]. 科研管理，36（S1）：116-121，156.

牟琪. 2014. 高管团队社会资本与企业可持续增长——基于管理防御视角的分析[D]. 华东交通大学硕士学位论文.

倪渊，林健. 2010. 基于结构方程模型研发团队绩效评价体系研究[J]. 北京理工大学学报（社会科学版），（5）：59-63.

宁烨，樊治平. 2010. 知识能力的构成要素：一个实证研究[J]. 管理评论，（12）：96-103.

潘喆. 2010. 团队社会资本的来源与功效——基于《西游记》的案例研究[J]. 中国人力资源开发，（7）：52-55.

彭灿，李金蹊. 2011. 团队外部社会资本测量指标体系研究[J]. 技术经济，（7）：48-50.

仇中宁. 陈传明. 2013. 内部社会资本影响组织绩效的机制——基于市场知识转移视角[J]. 经济管理，35（4）：41-50.

齐旭高，齐二石，周斌. 2013. 组织结构特征对产品创新团队绩效的跨层次影响——基于中国制造企业的实证研究[J]. 科学学与科学技术管理，（3）：162-169.

任俊义. 2011. 社会资本视角下企业智力资本形成机理研究[J]. 科研管理，32（2）：136-144.

阮国祥，毛荐其. 2010. 社会资本、社会认知和团队知识转移[J]. 情报杂志，29（1）：151-154.

沈凌，冯旻舒. 2015. 高校科研团队有效性评价研究述评[J]. 武汉理工大学学报（社会科学版），28（5）：989-994.

师嘉林. 2016. 高管团队社会资本与企业多元化战略的关系——基于IT上市公司的实证研究[D]. 首都经济贸易大学硕士学位论文.

宋方煜. 2012. 企业社会资本与企业创新绩效的关系研究——知识转移的中介作用[J].东北大学学报（社会科学版），14（5）：412-417.

孙善林，彭灿，杨红. 2017. 高管团队社会资本对企业开放式创新能力的影响研究——以资源获取与资源整合为中介变量[J]. 研究与发展管理，29（2）：71-81.

孙永风，廖貅武，李垣. 2008. 转型背景下中国企业基于社会资本的知识管理研究[J]. 中国工业经济，（3）：118-126.

唐丽艳，周建林，王国红. 2014. 社会资本、在孵企业吸收能力和创新孵化绩效的关系研究[J]. 科研管理，35（7）：51-59.

田红云，刘艺玲，贾瑞. 2016. 中小企业创新网络嵌入性与知识吸收能力的关系[J]. 科技管理研究，36（15）：186-191，196.

汪轶. 2008. 知识型团队中成员社会资本对知识分享效果作用机制研究[D]. 浙江大学博士学位论文.

王德禄. 2003. 知识管理的IT实现——朴素的知识管理[M]. 北京：电子工业出版社.

王国顺，杨昆. 2011. 社会资本、吸收能力对创新绩效影响的实证研究[J]. 管理科学，24（5）：23-36.

王海梁. 2010. 高校科研团队知识共享影响因素实证——基于个体与组织关系的视角[D]. 大连理工大学硕士学位论文.

王海霞. 2008. 团队互动过程对团队效能的影响研究[D]. 天津财经大学博士学位论文.

王睢. 2007. 吸收能力的研究现状与重新定位[J]. 外国经济与管理，（7）：1-8.

王三义，何风林. 2007. 社会资本的认知维度对知识转移的影响路径研究[J]. 统计与决策，（5）：122-123.

王三义，刘新梅，万威武. 2007a. 社会资本结构维度对企业间知识转移影响的实证研究[J]. 科技进步与对策，（4）：105-107.

王三义，刘新梅，万威武. 2007b. 社会资本关系维度对知识转移的影响路径研究[J]. 科技进步与对策，（9）：84-87.

王永丽，邓静怡，任荣伟. 2009. 授权型领导、团队沟通对团队绩效的影响[J]. 管理世界，（4）：119-127.

吴明隆. 2010. 问卷统计分析实务——SPSS 操作与应用[M]. 重庆：重庆大学出版社.

武春华. 2007. 高校科研团队内部社会资本实证研究[D]. 苏州大学硕士学位论文.

夏云霞，徐涛，翟康，等. 2017. 研究所科研团队绩效评价的探索与实践[J]. 科研管理，38（S1）：510-514.

肖志雄. 2014. 知识距离对知识吸收能力影响的实证研究——以服务外包企业为例[J]. 情报科学，32（10）：61-64，69.

谢洪涛，赖应良，孙玉梅. 2016. 科研团队社会资本、个体动机对个体知识共享行为的影响——基于多层线性模型的跨层次分析[J]. 技术经济，35（1）：30-35.

谢雅萍，张金连. 2014. 创业团队社会资本与新创企业绩效关系[J]. 管理评论，26（7）：104-114.

辛燕. 2014. 团队社会资本、交互记忆系统及团队学习的关系研究[D]. 大连理工大学硕士学位论文.

徐二明，张晗. 2008. 企业知识吸收能力与绩效的关系研究[J]. 管理学报，（6）：841-848.

徐伟青，檀小兵，奉小斌，等. 2011. 国外团队社会网络研究回顾与展望：基于知识转移视角[J]. 外国经济与管理，（11）：29-38.

阎海峰，陈利萍，沈锦杰. 2009. 智力资本、吸收能力与组织创新关系研究[J]. 研究与发展管理，21（5）：39-46.

阎海峰，程鹏. 2009. 吸收能力研究评述[J]. 管理评论，21（8）：95-103.

杨斌，熊万玲，游静. 2011. 基于知识转移的高校科研团队知识创新能力提升路径实证研究[J]. 情报理论与实践，34（8）：60-64.

张爱丽. 2010. 内外部社会资本对知识创造作用的实证研究[J]. 科学学研究，28（4）：591-596.

张方华. 2010. 网络嵌入影响企业创新绩效的概念模型与实证分析[J]. 中国工业经济，（4）：110-119.

张钢，方珑. 2007. 知识冲突与团队绩效：一个实证研究[J]. 科研管理，（6）：12-21.

张化平，魏旭光，康凯. 2010. 社会资本结构对企业间知识转移影响研究[J]. 河北大学学报（哲学社会科学版），35（6）：36-41.

张剑，何海燕. 2010. 高校科研创新团队评价研究——基于主成分投影法[J]. 科技管理研究，30（9）：51-53.

张可军，廖建桥，张鹏程. 2009. 团队环境、组合能力与团队知识整合关系研究[J]. 图书情报工作，53（14）：32-35.

张其仔. 2000. 社会资本与国有企业绩效研究[J]. 当代财经，（1）：53-58，80.

张树娟，胡琪波. 2010. 科研团队绩效考评的现状评析与对策[J]. 中国国情国力，（8）：26-27.

张喜爱. 2009. 高校科研团队绩效评价指标体系的构建研究——基于AHP法[J]. 科技管理研究，29（2）：225-227.

张运华. 2013. 校企联盟特性与企业创新绩效——基于 PLS 的结构方程模型分析[J]. 工业技术经济. 43（12）：32-38.

章斐. 2017. 高管团队社会资本与企业绩效关系研究——股权集中度和企业所有制的调节效应 [D]. 华东师范大学硕士学位论文.

赵延东，罗家德. 2005. 如何测量社会资本：一个经验研究综述[J]. 国外社会科学，（2）：18-24.

周斌. 2007. 知识型团队考核攻略[J]. 人力资源，（18）：35-39.

周瑾，闫晓军. 2010. 知识管理能力、管理决策与企业绩效关系实证研究[J]. 科学学与科学技术管理，（11）：129-135，162.

周霞，梁思娴，吕健权. 2015. 团队社会资本对团队创新绩效影响的实证研究——团队吸收能力的中介效应[J]. 科技管理研究，35（18）：106-110.

朱国宏. 1999. 经济社会学[M]. 上海：复旦大学出版社.

朱火弟，杨成. 2013. 基于 BSC 的高校科研团队绩效模糊综合评价研究[J]. 科技管理研究，33（8）：52-55.

朱建民，王红燕. 2017. 企业社会资本对创新绩效的影响研究——基于知识吸收能力的中介效应 [J]. 科技管理研究，37（16）：215-223.

朱霞，路正南. 2014. 企业社会资本对技术创新绩效的影响研究[J]. 技术经济与管理研究，（11）：35-38.

朱晓琴，廖萍. 2010. 高校科技创新团队评价指标的设计[J]. 广西民族师范学院学报，27（1）：136-139.

Adler P S, Kwon S W. 2002. Social capital: prospects for a new concept [J]. Academy of Management Review，27：17-40.

Ben Hador B. 2016. How intra-organizational social capital influences employee performance[J]. Journal of Management Development, 35（9）: 1119-1133.

Ben Hador B. 2017. Three levels of organizational social capital and their connection to performance [J]. Journal of Management Development, 36（3）: 348-360.

Bourdieu P. 1986. The forms of capital[C]//Richardson J G. Handbook of Theory and Research for the Sociology of Education. New York: Greenwood Press: 241-258.

Burt R S. 1992. Structural Holes: The Social Structure of Competition[M]. Cambridge: Harvard University Press.

Baron R M, Kenny D A. 1986. The moderator-mediator variable distinction in social psychological research: conceptual, strategic, and statistical considerations[J]. Journal of Personality and Social Psychology, 51: 1173-1182.

Camisón C, Forés B. 2010. Knowledge absorptive capacity: new insights for its conceptualization and measurement[J]. Journal of Business Research, 63（7）: 707-715.

Chang K C, Wong J H, Li Y Z, et al. 2011. External social capital and information systems development team flexibility[J]. Information and Software Technology,（6）: 592-600.

Chen J S, Lovvorn A S. 2011.The speed of knowledge transfer within multinational enterprises:the role of social capital[J]. International Journal of Commerce and Management, 21（1）: 46-62.

Chen M H, Chang Y C, Hung S C. 2008. Social capital and creativity in R&D project teams[J]. R&D Management,（1）: 21-34.

Cohen W M, Levinthal D A. 1989. Innovation and learning: the two faces of R&D[J]. The Economic Journal, 99（397）: 569-596.

Cohen W M, Levinthal D A. 1990. Absorptive capacity: a new perspective on learning and innovation[J]. Administrative Science Quarterly, 35（1）: 128-152.

Coleman J S. 1988. Social capital in the creation of human capital[J]. American Journal of Sociology, 94: 95-120.

Davenport T H, Prusak L. 1998. Working Knowledge: How Organizations Manage What They Know[M]. Cambridge: Harvard Business School Press.

Dess G G, Shaw J D. 2001. Voluntary turnover, social capital and organizational performance[J]. Academy of Management Review, 26: 446-456.

Dyer J H, Singh H. 1998. The relational view: cooperative strategy and sources of interorganizational competitive advantage[J]. Academy of Management Review, 23（4）: 660-679.

Eppler M J, Sukowski O. 2000. Managing team knowledge: core processes, tools and enabling factors [J]. European Management Journal, 18（3）: 334-341.

Flatten T C, Engelen A, Zahra S A, et al. 2011.A measure of absorptive capacity: scale development and validation[J]. European Management Journal, 29（2）: 98-116.

Gilbert M, Cordey-Hayes M. 1996. Understanding the process of knowledge transfer to achieve successful technological innovation[J]. Technovation, 16（6）: 301-312.

Gittell J H, Weiss L. 2004. Coordination networks within and across organizations: a multi-level framework[J]. Journal of Management Studies, 41（1）: 127-153.

Granovetter M. 1992. Problems of explanation in economic sociology[C]//Nohria N, Eccles R. Networks and Organizations: Structure, From and Action. Boston: Harvara Business School Press: 25-56.

Gulati R. 1998. Alliances and networks[J]. Strategic Management Journal, 19（4）: 293-317.

Han J. 2018.Team-bonding and team-bridging social capital: conceptualization and implications[J]. Team Performance Management: an International Journal, 24（1/2）: 17-42.

Hsu C P. 2015. Effects of social capital on online knowledge sharing: positive and negative perspectives[J]. Online Information Review, 39（4）: 466-484.

Kaiser H F. 1974. An index of factorial simplicity[J]. Psychometrika, 39: 31-36.

Kim L. 1998. Crisis construction and organizational learning: capability building in catching-up at hyundai motor[J]. Organization Science, 9（4）: 506-521.

Kogut B, Zander U. 1992. Knowledge of the firm, combinative capabilities and the replication of technology[J]. Organization Science, 3: 383-397.

Lane P J, Koka B R., Pathak S. 2006. The reification of absorptive capacity: a critical review and rejuvenation of the construct[J]. Academy of Management Review, 31（4）: 833-863.

Lane P J, Lubatkin M. 1998. Relative absorptive capacity and interorganizational learning[J]. Strategic Management Journal, 19（5）: 461-477.

Lane P J, Salk J E, Lyles M A.2001. Absorptive capacity, learning, and performance in international joint ventures[J]. Strategic Management Journal, 22（12）: 1139-1161.

Lichtenthaler U. 2008. Relative capacity: retaining knowledge outside a firm's boundaries[J]. Journal of Engineering and Technology Management, 25（3）: 200-212.

Liu W H, Cross J A. 2016. A comprehensive model of project team technical performance[J]. International Journal of Project Management, 34（7）: 1150-1166.

Mowery D C, Oxley J E. 1995. Inward technology transfer and competitiveness: the role of national innovation systems [J].Cambridge Journal of Economics, 19（1）: 67-93.

Nahapiet J, Ghoshal S.1998. Social capital, intellectual capital, and the organizational advantage[J]. The Academy of Management Review, 23: 242-266.

Nonaka I. 1994. A dynamic theory of organizational knowledge creation[J]. Organization Science, 5: 14-37.

Oh H, Labianca G, Chung M H. 2006. A multilevel model of group social capital[J]. Academy of Management Review, 31: 569-582.

Portes A. 1995.The Economic Sociology of Immigration[M]. New York： Russell Sage Foundation.

Portes A. 1998. Social capital： its origins and applications in modern sociology[J]. Annual Review of Sociology， 24： 1-24.

Putnam R，Leonardi R，Nanetti R. 1993. Making Democracy Work：Civic Traditions in Modern Italy Princeton[M]. Princeton： Princeton University Press.

Sabatini F. 2005. The empirics of social capital and economic development：a critical perspective[C]// Osborne M， Sankey K， Wilson B. Researching Social Capital， Lifelong Learning Regions and the Management of Place： an International Perspective London and New York： Routledge： 155-193.

Sedera D， Gable G G. 2010. Knowledge management competence for enterprise system success[J]. The Journal of Strategic Information Systems， 19： 296-306.

Szulanski G. 1996. Exploring internal stickiness： impediments to the transfer of best practice within the firm[J]. Strategic Management Journal， 17： 27-43.

Todorova G， Durisin B. 2007. Absorptive capacity： valuing a reconceptualization[J]. Academy of Management Review， 32 （3）： 774-786.

Tsai W. 2001. Knowledge transfer in intraorganizational networks： effects of network position and absorptive capacity on business unit innovation and performance[J]. Academy of Management Journal， 44 （5）： 996-1004.

Tsai W， Ghoshal S. 1998. Social capital and value creation： the role of intrafirm networks[J]. Academy of Management Journal. 41： 464-476.

Tsai Y. 2006. Effect of social capital and absorptive capability on innovation in internet marketing [J]. International Journal of management， 23 （1）： 157-166.

van den Bosch F A J， Volberda H W， de Boer M. 1999. Coevolution of firm absorptive capacity and knowledge environment： organizational forms and combinative capabilities[J]. Organization Science， 10 （5）： 551-568.

Villena V H，Revilla E，Choi T Y. 2011. The dark side of buyer-supplier relationships：a social capital perspective[J]. Journal of Operations Management， 29 （6）： 561-576.

Wu W L， Lee Y C. 2016. How to make a knowledge-sharing group:a group social capital perspective[J]. Personnel Review， 45 （3）： 523-538.

Yli-Renko H， Autio E. Tontti V. 2002. Social capital， knowledge， and the international growth of technology-based new firms[J]. International Business Review， 11： 279-304.

Zahra S， George G. 2002. Absorptive capacity： a review， reconceptualization and extension[J]. Academy of Management Review， 27 （2）： 185-203.

附录 调查问卷

尊敬的女士、先生：

您好！感谢您在百忙之中抽出时间完成这份问卷。我们正在从事一项关于科研团队绩效的研究，需要您提供的宝贵数据进行分析。您的答案无所谓对或错，只要是您的真实想法，就是对我的莫大帮助。我郑重向您保证：首先您提供的数据我会严格保密；其次您所填写的一切仅作为我的学术研究之用，决不会做其他任何用途。

一、个人基本信息

1. 您的性别：①女　②男

2. 您的年龄：①35 岁及以下　②36~40 岁　③41~45 岁　④46~55 岁　⑤56 岁及以上

3. 您的学历：①本科及以下　②硕士研究生　③博士研究生

4. 您现在的职称：①无　②初级　③中级　④高级

5. 您在该团队工作的时间：①半年以下　②半年至 1 年　③1~2 年　④2~3 年　⑤3 年以上

6. 您所在团队的总人数：①5 人及以下　②6~10 人　③10 人以上

7. 您所在的团队性质是：①文科研究团队　②理工科研究团队

二、调查问项

请仔细阅读问卷中的问项，根据您在团队工作的体会，在最符合您实际感受的选项前打“√”（采用 5 级打分方法，1~5 依次表示与团队实际情况“非常不符合”“不太符合”“一般”“比较符合”“非常符合”）。

团队内社会资本

A11 团队大多数成员私人关系比较好，团队内没有“小圈子”

1=非常不符合；2=不太符合；3=一般；4=比较符合；5=非常符合

A12 即使有“小圈子”，“小圈子”之间联系也比较多
1=非常不符合；2=不太符合；3=一般；4=比较符合；5=非常符合
A13 团队大多数成员工作上有沟通和配合
1=非常不符合；2=不太符合；3=一般；4=比较符合；5=非常符合
A14 团队经常组织内部成员的聚餐或其他联谊活动
1=非常不符合；2=不太符合；3=一般；4=比较符合；5=非常符合
A15 团队定期组织内部成员讨论会
1=非常不符合；2=不太符合；3=一般；4=比较符合；5=非常符合
A16 团队大多数成员会积极主动地参加团队的集体活动
1=非常不符合；2=不太符合；3=一般；4=比较符合；5=非常符合
A17 团队大多数成员愿意讨论工作上的事情
1=非常不符合；2=不太符合；3=一般；4=比较符合；5=非常符合
A21 团队大多数成员能够敬业地从事工作
1=非常不符合；2=不太符合；3=一般；4=比较符合；5=非常符合
A22 团队大多数成员的工作能力是不容置疑的
1=非常不符合；2=不太符合；3=一般；4=比较符合；5=非常符合
A23 团队大多数成员具有对团队负责任的工作态度
1=非常不符合；2=不太符合；3=一般；4=比较符合；5=非常符合
A24 团队大多数成员能够没有拘束地讨论工作上的困难
1=非常不符合；2=不太符合；3=一般；4=比较符合；5=非常符合
A25 团队成员遇到困难时，大家都给予建设性回应和帮助
1=非常不符合；2=不太符合；3=一般；4=比较符合；5=非常符合
A26 团队成员之间坦诚相待
1=非常不符合；2=不太符合；3=一般；4=比较符合；5=非常符合
A31 团队大多数成员能很好地理解他人所表述的专业术语
1=非常不符合；2=不太符合；3=一般；4=比较符合；5=非常符合
A32 团队大多数成员对项目涉及的专业符号都比较清楚
1=非常不符合；2=不太符合；3=一般；4=比较符合；5=非常符合
A33 团队大多数成员都熟练掌握经常用到的各种工具（软件、工艺流程等）
1=非常不符合；2=不太符合；3=一般；4=比较符合；5=非常符合
A34 团队成员对重要的事务有比较一致的行为规范
1=非常不符合；2=不太符合；3=一般；4=比较符合；5=非常符合
A35 团队除了有成文规范，在大多数成员心中还有一套默认的规范
1=非常不符合；2=不太符合；3=一般；4=比较符合；5=非常符合
A36 团队大多数成员对团队总体目标的看法比较一致

1=非常不符合；2=不太符合；3=一般；4=比较符合；5=非常符合

A37 团队大多数成员对团队发展前景的看法比较一致

1=非常不符合；2=不太符合；3=一般；4=比较符合；5=非常符合

A38 团队大多数成员对于关键问题的决策基本能达成共识

1=非常不符合；2=不太符合；3=一般；4=比较符合；5=非常符合

团队外社会资本

B12 团队中有成员在本专业领域内的各类协会任职

1=非常不符合；2=不太符合；3=一般；4=比较符合；5=非常符合

B16 团队中有成员在行政部门任职

1=非常不符合；2=不太符合；3=一般；4=比较符合；5=非常符合

B17 团队与其他相关方（包括顾客、企业等）联系比较密切

1=非常不符合；2=不太符合；3=一般；4=比较符合；5=非常符合

B18 本团队经常请高水平的院校或科研机构专家来指导工作

1=非常不符合；2=不太符合；3=一般；4=比较符合；5=非常符合

B19 本团队经常有团队成员去高水平的院校和科研机构参加学术会议

1=非常不符合；2=不太符合；3=一般；4=比较符合；5=非常符合

知识吸收能力

C11 搜集、关注团队所在研究领域的新知识是本团队的一项常规性工作

1=非常不符合；2=不太符合；3=一般；4=比较符合；5=非常符合

C12 团队通过持续不断的关心和关注周围的环境，能很快辨识哪些资讯能有利于本团队知识的提升

1=非常不符合；2=不太符合；3=一般；4=比较符合；5=非常符合

C13 欠缺任务知识时，团队能比较迅速地得到相关的知识

1=非常不符合；2=不太符合；3=一般；4=比较符合；5=非常符合

C14 欠缺任务知识时，团队能比较容易地得到相关的知识

1=非常不符合；2=不太符合；3=一般；4=比较符合；5=非常符合

C21 通过各种途径参与知识的交流使团队成员的知识不断更新

1=非常不符合；2=不太符合；3=一般；4=比较符合；5=非常符合

C22 团队建立了专业人员之间的信息交流网络，包括各种在线交流和远程办公等

1=非常不符合；2=不太符合；3=一般；4=比较符合；5=非常符合

C23 团队建立的成员知识交流的制度，提供给团队成员认真学习新知识的机会

1=非常不符合；2=不太符合；3=一般；4=比较符合；5=非常符合

C24 团队建立的成员知识交流的制度，加快了团队学习新知识的进程

1=非常不符合；2=不太符合；3=一般；4=比较符合；5=非常符合
C31 团队大多数成员能把新的知识与他们知道的知识整合在一起
1=非常不符合；2=不太符合；3=一般；4=比较符合；5=非常符合
C32 团队大多数成员能借鉴多个领域的专家知识形成新观点和想法
1=非常不符合；2=不太符合；3=一般；4=比较符合；5=非常符合
C33 团队大多数成员能将与目标任务相关的零散知识整合起来
1=非常不符合；2=不太符合；3=一般；4=比较符合；5=非常符合
C34 团队成员通过交流和整合知识能提出解决问题的措施
1=非常不符合；2=不太符合；3=一般；4=比较符合；5=非常符合
C41 团队有效地应用所获得的知识，其科研水平在业内处于领先行列
1=非常不符合；2=不太符合；3=一般；4=比较符合；5=非常符合
C42 团队有效地应用所获得的知识，成果转化业绩突出
1=非常不符合；2=不太符合；3=一般；4=比较符合；5=非常符合
C43 团队承担的国家级和省级的重大项目较多
1=非常不符合；2=不太符合；3=一般；4=比较符合；5=非常符合
C44 团队具有较强的将知识应用到实际工作中的氛围
1=非常不符合；2=不太符合；3=一般；4=比较符合；5=非常符合
团队绩效
D11 团队产出的高水平的科研成果较多
1=非常不符合；2=不太符合；3=一般；4=比较符合；5=非常符合
D12 团队能基本完成预期的各种目标
1=非常不符合；2=不太符合；3=一般；4=比较符合；5=非常符合
D13 团队成员对项目结果满意
1=非常不符合；2=不太符合；3=一般；4=比较符合；5=非常符合
D14 团队在不断提高自己的知名度和影响力
1=非常不符合；2=不太符合；3=一般；4=比较符合；5=非常符合
D15 团队成员在该团队中能迅速成长
1=非常不符合；2=不太符合；3=一般；4=比较符合；5=非常符合
D21 团队成员对合作的过程满意
1=非常不符合；2=不太符合；3=一般；4=比较符合；5=非常符合

谢谢您的回答！